Ronnie Nyaga

Atribuição de autoria de ensaios com recurso à estilometria

Ronnie Nyaga

Atribuição de autoria de ensaios com recurso à estilometria

ScienciaScripts

Imprint

Any brand names and product names mentioned in this book are subject to trademark, brand or patent protection and are trademarks or registered trademarks of their respective holders. The use of brand names, product names, common names, trade names, product descriptions etc. even without a particular marking in this work is in no way to be construed to mean that such names may be regarded as unrestricted in respect of trademark and brand protection legislation and could thus be used by anyone.

Cover image: www.ingimage.com

This book is a translation from the original published under ISBN 978-620-2-05451-5.

Publisher:
Sciencia Scripts
is a trademark of
Dodo Books Indian Ocean Ltd. and OmniScriptum S.R.L publishing group

120 High Road, East Finchley, London, N2 9ED, United Kingdom
Str. Armeneasca 28/1, office 1, Chisinau MD-2012, Republic of Moldova, Europe
Printed at: see last page
ISBN: 978-620-7-69319-1

UNIVERSIDADE DE AGRICULTURA E TECNOLOGIA JOMO KENYATTA (JKUAT)

ESCOLA DE COMPUTAÇÃO E TECNOLOGIA DA INFORMAÇÃO (SCIT)
DEPARTAMENTO DE INFORMÁTICA

A JKUAT tem certificação ISO 9000:2008
Estabelecer tendências no ensino superior, na investigação e na inovação

Resumo

Fazer batota em trabalhos e ensaios universitários tornou-se mais fácil devido aos milhares de trabalhos que podem ser encontrados online. O software anti-plágio tem hipóteses de apanhar os batoteiros, mas não é suficiente nos casos em que o batoteiro contratou um escritor de ensaios personalizado.

A estilometria parte do princípio de que existe um aspeto inconsciente no estilo de escrita de um autor que possui traços quantificáveis e distintivos e que não pode ser manipulado conscientemente. Estes traços característicos de um autor devem ser frequentes, facilmente quantificáveis e relativamente imunes ao controlo consciente. São estas características que distinguem os autores que escrevem sobre temas semelhantes.

Este projeto centrar-se-á nas tentativas de determinar a autoria de ensaios com base no estilo de escrita do autor. Isto servirá para ajudar os professores a certificarem-se de que os trabalhos entregues pelos alunos são da sua autoria e não de outra pessoa.

Agradecimentos

Em primeiro lugar, gostaria de dedicar os meus agradecimentos especiais a Deus, o Todo-Poderoso; com a Sua graça, consegui realizar este projeto.

Os meus agradecimentos especiais vão também para os meus supervisores, Professor Waweru Mwangi e Sr. John Wainaina, que me orientaram com informações, referências e ideias valiosas para concluir este projeto. Trabalhar com eles foi uma experiência memorável para mim.

O meu apreço vai também para os outros professores e funcionários do Departamento de Informática, obrigado por todo o apoio e ajuda durante o meu estudo.

Um último agradecimento à minha mãe, ao meu pai, aos meus parentes e amigos pelo apoio moral e financeiro e aos meus colegas de turma.

ÍNDICE DE CONTEÚDOS:

Esboço da redação do relatório do projeto do último ano.
1. Introdução
2. Revisão da literatura
3. Metodologia de investigação
4. Conceção do sistema
5. Implementação do sistema
6. Teste do sistema
7. Resultados e análise
8. Conclusão e recomendações/trabalho futuro
9. Bibliografia
10. Apêndices

CAPÍTULO 1

1   INTRODUÇÃO

1.1   Antecedentes

1.1.1   Estilometria

A estilometria refere-se ao estudo dos estilos linguísticos únicos e dos comportamentos de escrita dos indivíduos, com o objetivo de determinar a autoria. Inclui métodos estatísticos para quantificar o estilo de escrita único de um autor. Através da construção e comparação de modelos estilométricos para diferentes segmentos de texto, é possível detetar passagens estilisticamente diferentes das outras e, por conseguinte, potencialmente plagiadas.

A estilometria utiliza técnicas de reconhecimento de padrões, análise estatística e inteligência artificial. Analisa o texto dos documentos ou ensaios utilizando vários parâmetros. Estes incluem o tópico do documento e o seu conteúdo, por exemplo, frequências de palavras. Também identifica padrões em partes comuns do discurso.

A estilometria tem a sua origem em meados do século XIX, quando Augustus de Morgan, um lógico inglês, sugeriu que o comprimento das palavras poderia ser um indicador de propriedade. Mais tarde, em 1964, Mosteller e Wallace, dois estatísticos americanos, tiveram um impacto ainda maior nesta área quando decidiram utilizar a frequência das palavras para investigar o mistério da autoria dos The Federal Papers.

1.1.2   Classificação

O processo de reconhecer padrões e classificar dados em conformidade tem vindo a ganhar interesse desde há muito tempo e os seres humanos desenvolveram capacidades altamente sofisticadas para detetar o seu ambiente e tomar medidas de acordo com o que observam. Assim, um ser humano pode reconhecer os rostos sem se preocupar com as variações de iluminação, a rotação facial, as expressões faciais, as alterações biométricas faciais e também as imagens de rostos ocluídos. Mas se o objetivo for implementar esse reconhecimento artificialmente, então torna-se uma tarefa muito complexa. Os domínios da inteligência artificial tornaram possível esta tarefa complexa, criando máquinas tão inteligentes como o ser humano para reconhecer padrões em condições ambientais variáveis. Este ramo da inteligência artificial é conhecido como reconhecimento de padrões.

O reconhecimento de padrões fornece a solução para muitos problemas que se enquadram na categoria de reconhecimento ou classificação, como o reconhecimento da fala, o reconhecimento facial, a classificação de caracteres manuscritos e o diagnóstico médico.

1.1.3   Algoritmos de classificação

De seguida, apresentam-se os algoritmos de classificação de acordo com Sharma [3];

1. *Análise discriminante linear (LDA)* : É utilizada para encontrar uma combinação linear de características que caracterizam ou separam duas ou mais classes de objetos ou eventos. A LDA é uma abordagem paramétrica na técnica de aprendizagem supervisionada. Foi inicialmente utilizada para redução da dimensionalidade e extração de características e, mais tarde, passou a ser utilizada para fins de classificação.

2. *Análise Discriminante Quadrática (QDA)* : É utilizada na aprendizagem automática e na classificação estatística para separar as medições de duas ou mais classes de objetos ou eventos através de uma superfície quadrática. Trata-se de uma versão mais geral de um classificador linear. A QDA é uma abordagem paramétrica na aprendizagem supervisionada que modela a probabilidade de cada classe como uma distribuição gaussiana e, em seguida, utiliza as

4

distribuições posteriores para estimar a classe para um determinado ponto de teste.

3. *Classificador de entropia máxima (regressão logística multinomial)* : Em estatística, um modelo de classificador de entropia máxima é um modelo de regressão que generaliza a regressão logística ao permitir mais de dois resultados discretos. Trata-se de um modelo utilizado para prever as probabilidades dos diferentes resultados possíveis de uma variável dependente distribuída de forma categórica, tendo em conta um conjunto de variáveis independentes (que podem ser de valor real, de valor categórico, etc.).

4. *Árvores de decisão:* É considerada uma ferramenta de apoio à decisão que utiliza uma estrutura em forma de árvore ou um modelo de decisões e todas as suas possíveis consequências. É uma forma de apresentar um algoritmo. Neste processo, uma árvore de decisão e o diagrama de influência intimamente relacionado são utilizados como uma ferramenta visual e analítica de apoio à decisão, em que são calculados os valores esperados das alternativas concorrentes.

5. *Estimativa de Kernel e vizinho mais próximo* : No domínio do reconhecimento de padrões, o algoritmo do vizinho mais próximo (k-NN) é um método para classificar objectos com base nos exemplos de treino mais próximos no espaço de características. O K-NN é um tipo de aprendizagem baseada em exemplos, ou aprendizagem preguiçosa, em que a função é apenas aproximada localmente e todo o cálculo é adiado até à classificação. Este algoritmo é um dos mais simples algoritmos de aprendizagem automática em que um objeto é classificado utilizando um voto maioritário dos seus vizinhos e o objeto é então atribuído à classe que é mais comum entre os seus k-vizinhos mais próximos.

6. *Classificador Bayes ingénuo : O classificador* Bayes ingénuo é um classificador simples, probabilístico e estatístico que se baseia no teorema de Bayes (da estatística bayesiana) com pressupostos de independência fortes (ingénuos) e hipóteses máximas a posteriori. Como os classificadores bayesianos são estatísticos por natureza, podem prever a probabilidade de uma determinada amostra pertencer a uma determinada classe. O modelo de probabilidade subjacente a este classificador pode ser designado mais adequadamente por "modelo de características independentes", porque um classificador Bayes ingénuo parte do princípio de que o efeito do valor de um atributo numa determinada classe é independente dos valores dos outros atributos. Este pressuposto é designado por independência condicional da classe. É feita para simplificar a computação envolvida e, neste sentido, é considerada "ingénua".

7. *Redes Neuronais Artificiais :* Trata-se de uma rede interligada de um grupo de neurónios artificiais. Um neurónio artificial pode ser considerado como um modelo computacional inspirado nos neurónios naturais presentes no cérebro humano. Ao contrário dos neurónios naturais, a complexidade é altamente abstraída na modelação dos neurónios artificiais. Estes neurónios consistem basicamente em entradas (como sinapses), que são multiplicadas por um parâmetro conhecido como pesos (força de cada sinal) e depois calculadas por uma função matemática que determina a ativação do neurónio. Depois disso, há outra função que calcula a saída do neurónio artificial (por vezes, em função de um determinado limiar). Assim, as redes artificiais são formadas pela combinação destes neurónios artificiais para processar a informação.

8. *Máquina de vectores de suporte :* Uma máquina de vectores de suporte (SVM) efectua a classificação através da construção de um hiperplano N-dimensional que separa de forma óptima os dados em duas categorias. Uma máquina de vectores de suporte (SVM) é utilizada em ciências informáticas para um conjunto de métodos de aprendizagem supervisionada relacionados que analisam os dados de entrada e aprendem com eles, utilizando-os depois para efetuar análises de classificação e regressão. O SVM padrão é um SVM de duas classes que

recebe um conjunto de dados de entrada e prevê a classe possível, para cada entrada, entre as duas classes possíveis de que a entrada é membro, o que o torna um classificador linear binário não probabilístico. Dado o conjunto de exemplos de treino em que cada um deles é marcado como pertencente a uma das duas categorias, o algoritmo de treino SVM constrói um modelo que atribui novos exemplos a uma ou outra categoria.

1.1.4 Reconhecimento de padrões

O reconhecimento de padrões refere-se a um ramo da Inteligência Artificial que se ocupa do estudo de métodos e algoritmos para classificar objectos de dados em categorias através do reconhecimento de padrões nos mesmos. Inclui subdisciplinas como a análise discriminante, a extração de características, a estimativa de erros, a análise de agrupamentos, a inferência gramatical e a análise.

Um padrão é um conjunto de objectos, fenómenos ou conceitos em que os elementos do conjunto são semelhantes entre si em determinados aspectos [3]. Por outro lado, a categoria de padrões é o conjunto de objectos semelhantes, não necessariamente idênticos. Muitas vezes, os padrões individuais podem ser agrupados numa categoria com base nas suas propriedades comuns; o resultado é também um padrão e é frequentemente designado por categoria de padrão.

Segue-se um modelo de conceção que implica as etapas de um sistema de reconhecimento de padrões [3]

1. *Aquisição e pré-processamento de dados:* Aqui, os dados do ambiente circundante são tomados como entrada e fornecidos ao sistema de reconhecimento de padrões. Os dados são pré-processados através da extração de padrões de interesse dos fundos, de modo a tornar os dados de entrada legíveis para o sistema.

2. *Extração de características:* Aqui, são extraídas as características relevantes dos dados processados. Estas características relevantes formam coletivamente uma entidade de objectos a reconhecer ou classificar.

3. *Tomada de decisão:* Aqui a operação desejada de classificação ou reconhecimento é efectuada com base no descritor das características extraídas

As técnicas de reconhecimento de padrões utilizadas na estilometria incluem a aprendizagem supervisionada, a aprendizagem não supervisionada, a análise discriminante linear, a análise discriminante quadrática, o classificador de entropia máxima, as árvores de decisão, a estimativa de kernel e o vizinho mais próximo, as redes neuronais e a máquina de vectores de apoio.

1.2 Declaração do problema

Os detectores de plágio não detectam efetivamente o plágio. Em vez disso, o que detectam são secções de texto idênticas. Um serviço de deteção de plágio procura sequências de palavras correspondentes entre o documento que está a analisar e os que tem no seu índice. Isto faz com que os softwares anti-plágio sejam limitados nos seguintes aspectos;

1. *Plágio não literal :* O plágio que envolve a reescrita, a tradução ou a reformulação do texto não pode ser detectado. Pode ser difícil escapar a esta situação, uma vez que a maior parte dos detectores de plágio são extremamente sensíveis, mas como os detectores de plágio não analisam o conteúdo do trabalho, apenas as palavras, não conseguem ver se retirou a ideia ou a informação se não retirou também as palavras. Este é um problema comum no meio académico, que trata este tipo de plágio com a mesma seriedade que o plágio literal.

2. *Frases comuns/Uso atribuído :* Embora muitos verificadores de plágio tentem separar o uso atribuído, dada a variedade de estilos de atribuição, nem sempre é possível. Além disso, dado que algumas frases são comuns na língua inglesa, muitos verificadores de plágio registarão

correspondências que, na realidade, são apenas coincidências.

James Heather, professor catedrático de informática na Universidade de Surrey, revelou que os sistemas de deteção de plágio, como o Turnitin, que são utilizados habitualmente pelas universidades, estão abertos a simples batota, permitindo que os estudantes escapem à deteção quando enviam material copiado. Segundo o autor, os estudantes conscientes desta lacuna podem contornar o sistema convertendo um trabalho plagiado para o formato PDF e alterando depois o "mapa de caracteres" correspondente - um mapa da sequência de caracteres utilizados no texto. Embora o texto permanecesse visualmente inalterado, os extractos testados pelo software de plágio ficariam distorcidos, pelo que as correspondências não seriam detectadas. Ou, diz ele, os alunos poderiam reorganizar os códigos dos caracteres, ou "glifos", no PDF de modo a que deixassem de corresponder ao alfabeto e "a ligação entre o texto e a sua representação impressa seria quebrada". Neste caso, um tutor poderia imprimir e ler a redação, mas o computador que executa o software de deteção não faria qualquer leitura [8]. Há também a implicação social do problema que precisa de ser considerada. As notas atribuídas a alguns estudantes nas universidades nos seus trabalhos, por exemplo, não reflectem o conhecimento real que possuem. A razão é que alguns estudantes apresentam trabalhos que copiaram e colaram de um recurso em linha, ou que não foram feitos por eles próprios, para serem avaliados e classificados pelos seus professores. Existem aplicações informáticas que podem detetar facilmente o primeiro ato, e algumas delas estão disponíveis gratuitamente. Este problema centrar-se-á no segundo ato. Há pessoas, que podem ou não incluir outros estudantes universitários, que cobram uma soma de dinheiro aos estudantes que querem que lhes façam os seus trabalhos e ensaios. Isto não é inédito. Existem mesmo sítios Web que funcionam como intermediários entre os estudantes que precisam de fazer os seus trabalhos e as pessoas que estão dispostas a fazê-los mediante o pagamento de uma taxa. O problema desta cultura em rápido crescimento nas universidades é o facto de dar aos professores uma falsa impressão da compreensão dos alunos sobre a unidade, a aula ou o curso. Isto leva à atribuição de notas que não reflectem a situação real. Estas notas falsas afectam negativamente os estudantes sinceros e esforçados.

Um impacto ainda maior deste problema será a vergonha para a universidade se os estudantes que participam nesta tendência, depois de se formarem e serem contratados em organizações que exigem alguns dos conhecimentos adquiridos durante os estudos a nível universitário, se envergonharem. Se uma pessoa encontra uma saída fácil para um problema que funciona para ela, então será difícil para ela desistir. O mesmo se pode dizer dos estudantes neste cenário.

1.3 Solução proposta

A solução é um sistema de reconhecimento de padrões que pode identificar características únicas no estilo de escrita de um aluno e analisá-las de modo a determinar se os ensaios e documentos entregues ao professor para avaliação são efetivamente obra do aluno.

1.4 Justificação

Moore [1] escreve que, de acordo com um inquérito realizado pela CBC News junto de 42 universidades canadianas, mais de 7000 estudantes foram formalmente punidos por fraude académica em 2011-2012. O plágio foi responsável por cerca de 50% dos casos. Algumas das universidades afirmaram que utilizam algum tipo de software anti-plágio. No entanto, este software não é bom quando se trata de detetar um ensaio personalizado escrito por outra pessoa (com fins lucrativos).

1.5. Questões de investigação

1. Como é que a estilometria funciona e como pode ser obtida?

2. O que é que já foi feito no passado no domínio da estilometria e do reconhecimento de padrões e quais foram os resultados?
3. Como determinar a medida de precisão do sistema estilométrico?
4. Que quantidade de dados é necessária para a criação de um perfil estilométrico?

1.6. Objectivos

1.6.1. Objetivo principal

Criar um sistema de reconhecimento de padrões para determinar a autoria dos ensaios que lhe são submetidos.

1.6.2. Objectivos específicos

1. Analisar a literatura na área do reconhecimento de padrões. Isto inclui a comparação das medidas de precisão entre árvores de decisão e redes neuronais.
2. Analisar a literatura na área da Estilometria e como esta pode ser realizada.
3. Modelar e avaliar um sistema de reconhecimento de padrões que determinará a autoria.
4. Chegar a um desvio razoável admissível em relação à média para a qual os resultados da análise estilométrica dos ensaios se podem desviar.
5. Investigar a quantidade de dados necessários para a criação de um perfil estilométrico do aluno.

1.7. Âmbito de aplicação

Esta investigação e projeto limitar-se-ão apenas às árvores de decisão para reconhecimento de padrões.

Quadro 1: Quadro de fontes

Description	Amount (Ksh.)
Printing, Copying and Binding	500.00
Internet Data Bundle	3,000.00
Modem	2,000.00
Transportation Costs	1,000.00
Communication Costs	1,000.00
Flash Disk	1,000.00
Open Source Tools	Free
Total	8,500.00

Quadro 2: Quadro de fontes

Task ID	Task Name	Expected Start Date	Expected End Date	Deliverables
1	Project Title	June 1, 2014	June 11, 2014	Draft Proposal
2	Project Proposal Presentation	June 11, 2014	June 30, 2014	Final Proposal Document
3	Literature Review Presentation	August 4, 2014	September 8, 2014	Literature Review Report
4	Project Implementation	September 8, 2014	October 20, 2014	Working Prototype
5	Project Testing and Debugging	October 20, 2014	November 3, 2014	Final Prototype
6	Documentation	June 30, 2014	November 24, 2014	Complete System with Documentation

2 REVISÃO DA LITERATURA

2.1 Introdução

Os dados em tempo real em grande escala tornaram-se disponíveis devido à tecnologia avançada dos sistemas informáticos. A extração de dados é o processo de extrair informações válidas e compreensíveis de uma base de dados tão grande, de modo a dar contributos significativos para processos cruciais de decisão de gestão. Uma preocupação especial num artigo de So Young Sohn [6] são os vários algoritmos de classificação utilizados para o reconhecimento de padrões no processo de extração de dados.

O reconhecimento de padrões tem sido utilizado nos domínios da estilística, da linguística computacional e da atribuição de autoria não tradicional para desenvolver um quadro possível para a identificação da autoria de textos de correio eletrónico. Os domínios como a classificação de textos, a aprendizagem automática, a análise forense de software e a linguística forense também têm impacto no presente estudo.

So Young Sohn [6] analisa os algoritmos de classificação em três domínios: abordagem estatística tradicional, redes neuronais artificiais e aprendizagem automática. Tradicionalmente, as abordagens estatísticas paramétricas, como a análise discriminante, têm sido amplamente utilizadas para classificar um grupo de outros com base nas características individuais associadas. O principal pressuposto necessário para a análise discriminante é que estas características seguem uma distribuição normal multivariada com médias distintas para cada grupo e uma matriz de variância-covariância comum. Quando este pressuposto da matriz de variância-covariância é satisfeito para k grupos, a função discriminante linear de Fisher é utilizada para a classificação. Quando este pressuposto é violado, é estimada uma função discriminante quadrática com base numa matriz de variância-covariância estimada individualmente.

Os métodos de classificação não paramétricos não assumem quaisquer pressupostos de distribuição e classificam um caso de teste com base nas amostras de treino na vizinhança do item em termos de características individuais associadas. O método K-Nearest Neighbor é um método não paramétrico popular. Classifica um caso de teste na classe que fornece o maior número de vizinhos entre os K-vizinhos mais próximos do caso.

As Redes Neuronais Artificiais (RNA) têm sido sugeridas como uma metodologia alternativa para a classificação, à qual as técnicas estatísticas tradicionais têm sido aplicadas desde há muito. Alguns exemplos de redes de aprendizagem supervisionada são as redes MLP (MultiLayer Perception) e RBF (Radial Basis Function). As MLPs são modelos não lineares flexíveis que podem aproximar praticamente qualquer função com o grau de precisão desejado. Na MLP, a entrada líquida para a camada oculta é uma combinação linear de entradas, conforme especificado pelos pesos.

A aprendizagem não supervisionada explora a estrutura dos dados sem orientação sob a forma de classificação. Os clusters encontrados oferecem um modelo dos dados em termos de centros, tamanhos e formas dos clusters. Os algoritmos de agrupamento iterativo, como a rede de Kohonen, são frequentemente utilizados.

2.2 Decisão Tress

As árvores de decisão são normalmente construídas começando pela raiz da árvore e prosseguindo até às suas folhas. Esta abordagem pode ser utilizada para fins preditivos ou descritivos. A indução de árvores de decisão está isenta dos pressupostos estruturais paramétricos em que se baseia a maioria dos métodos de indução estatística, como a análise discriminante. Baytree é uma abordagem bayesiana para árvores de decisão que requer a especificação de probabilidades prévias de classe e um modelo de probabilidade para a árvore de decisão.

O algoritmo principal para a construção de árvores de decisão chama-se ID3, de J. R. Quinlan, que emprega uma pesquisa de cima para baixo e gulosa através do espaço de ramos possíveis sem retrocesso. O ID3 utiliza a entropia e o ganho de informação para construir uma árvore de decisão.

2.2.1 A tarefa de indução

Quinlan [9] apresenta uma descrição mais precisa da tarefa de indução no seu artigo. A base de uma tarefa de indução é um universo de objectos que são descritos em termos de um conjunto de atributos. Cada atributo mede uma caraterística importante de um objeto e será aqui limitado a um conjunto (normalmente pequeno) de valores discretos e mutuamente exclusivos. Por exemplo, se os objectos fossem manhãs de sábado e a tarefa de classificação envolvesse a meteorologia, os atributos poderiam ser perspectivas, com valores sol, nublado, chuva temperatura, com valores frio, ameno, quente humidade, com valores alto, normal vento, com valores verdadeiro, falso Assim, uma determinada manhã de sábado poderia ser descrita como perspectivas: nublado temperatura: frio humidade: normal vento: falso

Cada objeto no universo pertence a uma de um conjunto de classes mutuamente exclusivas. Para simplificar o tratamento que se segue, assumiremos que existem apenas duas dessas classes, designadas por P e N, embora a extensão a qualquer número de classes não seja difícil.

Nas tarefas de indução de duas classes, os objectos das classes P e N são por vezes referidos como instâncias positivas e instâncias negativas, respetivamente, do conceito que está a ser aprendido.

O outro ingrediente principal é um conjunto de objectos de treino cuja classe é conhecida. A tarefa de indução consiste em desenvolver uma regra de classificação que possa determinar a classe de qualquer objeto a partir dos valores dos seus atributos. A questão imediata que se coloca aqui é se os atributos fornecem ou não informação suficiente para o fazer. Em particular, se o conjunto de treino contém dois objectos que têm valores idênticos para cada atributo e, no entanto, pertencem a classes diferentes, é claramente impossível diferenciar estes objectos apenas com referência aos atributos dados. Nesse caso, os atributos serão considerados inadequados para o conjunto de formação e, por conseguinte, para a tarefa de indução.

A Tabela 1 abaixo mostra um pequeno conjunto de treino que utiliza os atributos "Sábado de manhã". O valor de cada atributo de cada objeto é apresentado, juntamente com a classe do objeto (neste caso, as manhãs de classe P são adequadas para uma atividade não especificada). Na Figura 1 é apresentada uma árvore de decisão que classifica corretamente cada objeto do conjunto de treino. As folhas de uma árvore de decisão são os nomes das classes, os outros nós representam testes baseados em atributos com um ramo para cada resultado possível. Para classificar um objeto, começamos na raiz da árvore, avaliamos o teste e tomamos o ramo apropriado para o resultado. O processo continua até ser encontrada uma folha, altura em que se afirma que o objeto pertence à classe designada pela folha. Tomando a árvore de decisão da Figura 1, este processo conclui que o objeto que apareceu como exemplo no início desta secção, e que não é um membro do conjunto de treino, deve pertencer à classe P. Note-se que apenas um subconjunto dos atributos pode ser encontrado num determinado caminho desde a raiz da árvore de decisão até uma folha; neste caso, apenas o atributo de perspetiva é testado antes de determinar a classe.

Se os atributos forem adequados, é sempre possível construir uma árvore de decisão que classifique corretamente cada objeto do conjunto de treino e, normalmente, existem muitas árvores de decisão correctas. A essência da indução é ir para além do conjunto de treino. Isto significa construir uma árvore de decisão que classifique corretamente não só os objectos do conjunto de treino, mas também outros objectos (não vistos). Para isso, a árvore de decisão deve captar alguma relação significativa entre a classe de um objeto e os valores dos seus atributos. Dada a possibilidade de escolher entre duas árvores de decisão, cada uma delas correcta para o conjunto de treino, parece sensato preferir a mais simples, por ser mais suscetível de captar a estrutura inerente ao problema. Por conseguinte, espera-se que a árvore mais simples classifique corretamente mais objectos fora do conjunto de treino. A árvore de decisão da Figura 3, por exemplo, também está correcta para o conjunto de treino da Tabela 1, mas a sua maior complexidade torna-a suspeita como uma "explicação" do conjunto de treino2.

Tabela 1. Um pequeno conjunto de treino

No.	Attributes				Class
	Outlook	Temperature	Humidity	Windy	
1	sunny	hot	high	false	N
2	sunny	hot	high	true	N
3	overcast	hot	high	false	P
4	rain	mild	high	false	P
5	rain	cool	normal	false	P
6	rain	cool	normal	true	N
7	overcast	cool	normal	true	P
8	sunny	mild	high	false	N
9	sunny	cool	normal	false	P
10	rain	mild	normal	false	P
11	sunny	mild	normal	true	P
12	overcast	mild	high	true	P
13	overcast	hot	normal	false	P
14	rain	mild	high	true	N

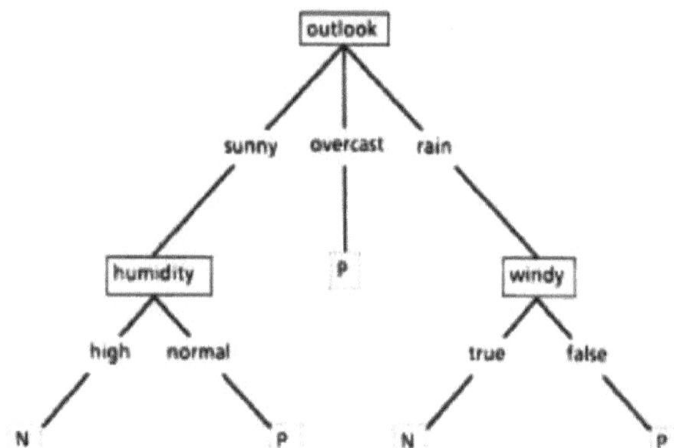

Figura 1. Uma árvore de decisão simples

2.2.2   ID3

Uma abordagem à tarefa de indução acima referida consistiria em gerar todas as árvores de decisão possíveis que classificam corretamente o conjunto de treino e selecionar a mais simples de entre elas. O número de tais árvores é finito, mas muito grande, pelo que esta abordagem só seria viável para pequenas tarefas de indução. O ID3 foi concebido para o outro extremo do espetro, onde existem muitos atributos e o conjunto de treino contém muitos objectos, mas onde é necessária uma árvore de decisão razoavelmente boa sem grande computação. De um modo geral, foi possível construir árvores de decisão simples, mas a abordagem que utiliza não pode garantir que não tenham sido ignoradas árvores melhores.

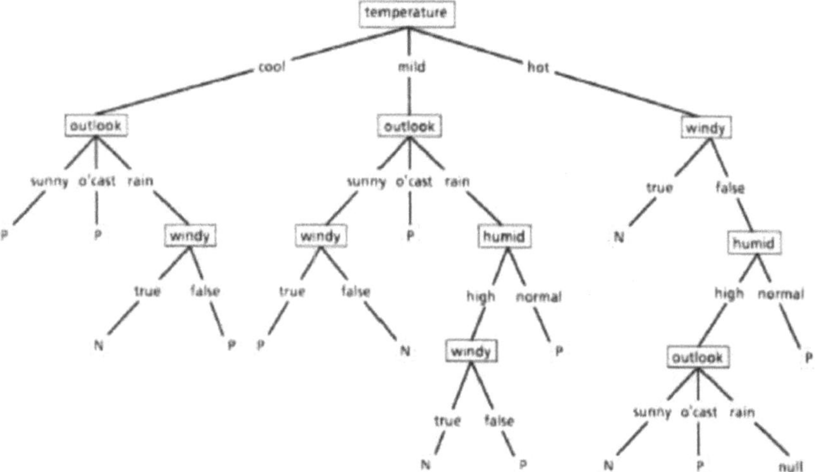

Figura 2. Uma árvore de decisão complexa

O diagrama acima ilustra uma árvore de decisão complexa.

O algoritmo principal para a construção de árvores de decisão chama-se ID3, de J. R. Quinlan, que emprega uma pesquisa gulosa de cima para baixo através do espaço de ramos possíveis, sem retrocesso [7].

No seu artigo, Quinlan [9] descreve o algoritmo ID3. A estrutura básica do ID3 é iterativa. Um subconjunto do conjunto de treino, designado por janela, é escolhido aleatoriamente e uma árvore de decisão é formada a partir dele; esta árvore classifica corretamente todos os objectos na janela. Todos os outros objectos do conjunto de treino são então classificados usando a árvore. Se a árvore der a resposta correcta para todos estes objectos, então está correcta para todo o conjunto de treino e o processo termina. Caso contrário, uma seleção dos objectos classificados incorretamente é adicionada à janela e o processo continua. Desta forma, foram encontradas árvores de decisão correctas após apenas algumas iterações para conjuntos de treino de até trinta mil objectos descritos em termos de até 50 atributos. A evidência empírica sugere que uma árvore de decisão correcta é normalmente encontrada mais rapidamente através deste método iterativo do que através da formação de uma árvore diretamente a partir de todo o conjunto de treino.

O cerne do problema é como formar uma árvore de decisão para uma coleção arbitrária C de objectos. Se C estiver vazio ou contiver apenas objectos de uma classe, a árvore de decisão mais simples é apenas uma folha rotulada com a classe. Caso contrário, seja T um teste qualquer sobre um objeto com w resultados possíveis 01, 02, ... Ow. Cada objeto em C dará um destes resultados a T, pelo que T produz uma partição Cl, C2, ... Cw de C, sendo que Ci contém os objectos com o resultado Oi. Isto é representado graficamente pela forma de árvore da Figura 2. Se cada subconjunto Ci nesta figura pudesse ser substituído por uma árvore de decisão para Ci, o resultado seria uma árvore de decisão para todo o C. Além disso, desde que dois ou mais Ci's não sejam vazios, cada Ci é mais pequeno do que C. No pior dos casos, esta estratégia de dividir e conquistar produzirá subconjuntos de um só objeto que satisfazem o requisito de uma só classe para uma folha. Assim, desde que seja sempre possível encontrar um teste que dê uma partição não trivial de qualquer conjunto de objectos, este procedimento produzirá sempre uma árvore de decisão que classifica corretamente cada objeto em C.

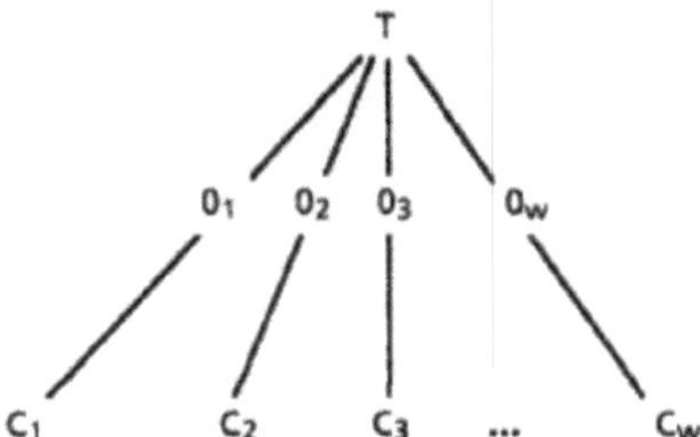

Figura 3. Uma estruturação em árvore dos objectos em C

A escolha do teste é crucial para que a árvore de decisão seja simples. De momento, um teste será limitado à ramificação dos valores de um atributo, pelo que a escolha de um teste se resume à seleção de um atributo para a raiz da árvore. O ID3 adoptou um método baseado na informação que depende de dois pressupostos. Seja C contendo p objectos da classe P e n objectos da classe N. Os pressupostos são:

1. Qualquer árvore de decisão correcta para C classificará os objectos na mesma proporção que a sua representação em C. Um objeto arbitrário será determinado como pertencente à classe P com probabilidade $p/(p + n)$ e à classe N com probabilidade $n/(p + n)$.

2. Quando uma árvore de decisão é utilizada para classificar um objeto, devolve uma classe. Assim, uma árvore de decisão pode ser considerada como uma fonte de uma mensagem 'P' ou 'N', sendo a informação esperada necessária para gerar esta mensagem dada por

$$I(p, n) = -\frac{p}{p+n} \log_2 \frac{p}{p+n} - \frac{n}{p+n} \log_2 \frac{n}{p+n}$$

Se o atributo A com os valores A1, A2, ... Av) for utilizado para a raiz da árvore de decisão, esta irá particionar C em (C1, C2, ... Cv, em que Ci contém os objectos em C que têm o valor Ai de A. Se Ci contiver objectos pi da classe P e ni da classe N. A informação esperada necessária para a subárvore de Ci é I (pi, ni). A informação esperada necessária para a árvore com A como raiz é então obtida como a média ponderada

$$E(A) = \sum_{i=1}^{v} \frac{p_i + n_i}{p+n} I(p_i, n_i)$$

em que o peso para o i-ésimo ramo é a proporção dos objectos em C que pertencem a Ci. A informação obtida pela ramificação em A é, portanto

$$gain(A) = I(p, n) - E(A)$$

Uma boa regra de ouro parece ser escolher o atributo para ramificar o que ganha mais informação. O ID3 examina todos os atributos candidatos e escolhe A para maximizar o ganho (A), forma a árvore como acima e, em seguida, usa o mesmo processo recursivamente para formar árvores de decisão para os subconjuntos residuais Cl, C2, ... Cv.

Para ilustrar a ideia, seja C o conjunto de objectos da Tabela 1. Dos 14 objectos, 9 são da classe P e 5 são da classe N, pelo que a informação necessária para a classificação é

$$I(p, n) = -\frac{9}{14} \log_2 \frac{9}{14} - \frac{5}{14} \log_2 \frac{5}{14} = 0.940 \text{ bits}$$

Consideremos agora o atributo "outlook" com os valores "sunny", "overcast", "rain". Cinco dos 14 objectos em C têm o primeiro valor (sol), dois deles da classe P e três da classe N, pelo que

$$p_1 = 2 \quad n_1 = 3 \quad I(p_1, n_1) = 0.971$$

e da mesma forma

$$p_2 = 4 \quad n_2 = 0 \quad I(p_2, n_2) = 0$$
$$p_3 = 3 \quad n_3 = 2 \quad I(p_3, n_3) = 0.971$$

Por conseguinte, as necessidades de informação esperadas após o ensaio deste atributo são as seguintes

$$E \text{ (outlook)} = \frac{5}{14} I(p_1, n_1) + \frac{4}{14} I(p_2, n_2) + \frac{5}{14} I(p_3, n_3)$$
$$= 0.694 \text{ bits}$$

O ganho deste atributo é então

$$\text{ganho(outlook)} = 0,940 - E(\text{outlook}) = 0,246 \text{ bits}$$

Uma análise semelhante permite obter

$$\text{ganho(temperatura)} = 0,029 \text{ bits}$$
$$\text{ganho(humidade)} = 0,151 \text{ bits}$$
$$\text{ganho (ventoso)} = 0,048 \text{ bits}$$

Assim, o método de formação de árvores utilizado no ID3 escolheria o atributo outlook para a raiz da árvore de decisão. Os objectos seriam então divididos em subconjuntos de acordo com os seus valores do atributo outlook e uma árvore de decisão para cada subconjunto seria induzida de forma semelhante. De facto, a Figura 2 mostra a árvore de decisão real gerada pelo ID3 a partir deste conjunto de treino.

Um caso especial surge se C não contiver objectos com um determinado valor Aj de A, dando origem a um Cj vazio. O ID3 rotula essa folha como 'nula', de modo a não classificar qualquer objeto que chegue a essa folha. Uma solução melhor seria generalizar a partir do conjunto C de onde Cj veio, e atribuir a esta folha a classe mais frequente em C.

O valor da heurística de seleção de atributos do ID3 pode ser avaliado pela simplicidade das árvores de decisão resultantes ou, mais precisamente, pela forma como essas árvores expressam as relações reais entre classe e atributos, como demonstrado pela precisão com que classificam objectos diferentes dos do conjunto de treino (a sua precisão preditiva). Um método simples de avaliar esta precisão preditiva é utilizar apenas parte do conjunto de objectos dado como conjunto de treino e verificar a árvore de decisão resultante no restante.

2.3 Experiências realizadas - Atribuição de autoria de escritores vitorianos

Esta secção apresenta uma descrição da experiência e do projeto realizados por Ramyaa, Congzhou He e Khaled Rasheed [7].

Ramyaa e a sua equipa propuseram-se treinar árvores de decisão e redes neurais para "aprender" o estilo de escrita de cinco autores vitorianos e distingui-los com base em determinadas características da sua escrita que definem o seu estilo. Os cinco autores vitorianos escolhidos para a experiência foram Jane Austen, Charles Dickens, William Thackeray, Emily Bronte e Charlotte Bronte.

Os textos escolhidos eram do mesmo género e da mesma época para garantir que o sucesso dos alunos implicaria que os textos pudessem ser classificados apenas com base no estilo ou na "impressão digital textual" dos autores.

2.3.1 Características utilizadas

Ramyaa e a sua equipa utilizaram a investigação empírica de Hanlein [11], que produziu um conjunto de características de estilo individual, do qual derivam os 21 indicadores de estilo do presente estudo. Estes incluem:

1. *rácio tipo-token:* O rácio tipo-token indica a riqueza do vocabulário de um autor. Quanto mais elevado for o rácio, mais variado é o vocabulário. Também reflecte a tendência de um autor

para repetir palavras.

2. *comprimento médio das palavras:* As palavras mais longas são tradicionalmente associadas a estilos mais pedantes e formais, enquanto as palavras mais curtas são uma caraterística típica da linguagem falada informal.

3. *comprimento médio das frases:* As frases mais longas são frequentemente o indicador de uma escrita cuidadosamente planeada, enquanto as frases mais curtas são mais características da linguagem falada. 3

4. *desvio-padrão do comprimento das frases:* O desvio-padrão indica a variação do comprimento das frases, que é um importante marcador de estilo.

5. *comprimento médio do parágrafo:* A extensão do parágrafo é muito influenciada pela ocorrência de diálogos.

6. *comprimento do capítulo:* A extensão do capítulo de amostra.

7. *número de vírgulas por mil tokens:* As vírgulas assinalam o fluxo contínuo de ideias numa frase.

8. *número de pontos e vírgulas por cada mil tokens:* Os pontos e vírgulas indicam a relutância de um autor em parar uma frase onde podia.

9. *número de aspas por cada mil tokens:* O uso frequente de aspas é considerado uma caraterística típica de envolvimento.

10. *número de pontos de exclamação por cada mil tokens:* As exclamações assinalam emoções fortes.

11. *número de hífenes por cada mil tokens:* Alguns autores utilizam mais palavras com hífen do que outros.

12. *número de "e" por mil tokens:* Os ands são marcadores de coordenação, que, ao contrário da subordinação, é mais frequente na produção falada.

13. *número de buts por mil tokens:* Os buts de ligação contrastiva também são marcadores de coordenação.

14. *número de "porém" por cada mil registos:* A conjunção "contudo" destina-se a formar um par contrastivo com "mas".

15. *número de ifs por milhares de tokens:* As cláusulas if são amostras de subordinação.

16. *número de ifs por milhares de tokens:* número de thats por milhares de tokens: A maioria dos thats é usada para subordinação, enquanto alguns são usados como demonstrativos.

17. *número de mais por mil tokens:* "Mais" é um indicador da preferência de um autor pela estrutura comparativa.

18. *número de "musts" por cada mil tokens:* Os verbos modais são candidatos potenciais para expressar tentatividade. Os must são mais frequentemente utilizados de forma não epistémica.

19. *número de mights por cada mil tokens:* Os pesos são mais frequentemente usados epistemicamente.

20. *número de thiss por cada mil tokens:* Thiss é tipicamente usado para referência anafórica.

21. *número de verys por mil tokens:* Os verys são estilisticamente significativos pela sua ênfase nas suas modificações.

2.3.2 Árvores de decisão - Experiências e resultados

Foram criadas duas árvores de decisão para aprender os estilos dos cinco autores vitorianos. Ramyaa e a sua equipa utilizaram o pacote See5 de Quinlan nesta experiência. O pacote See5 alarga o algoritmo ID3 básico de Quinlan. Este algoritmo infere árvores de decisão fazendo-as crescer da raiz para baixo, seleccionando avidamente o melhor atributo seguinte para cada novo ramo de decisão adicionado à árvore. Assim, a aprendizagem de árvores de decisão difere de outras técnicas de aprendizagem automática, como as redes neuronais, na medida em que os atributos são considerados individualmente e não em ligação uns com os outros.

A caraterística com o maior ganho de informação tem prioridade na classificação. Por conseguinte, as árvores de decisão devem funcionar muito bem se existirem algumas características salientes que distingam um autor dos outros.

Uma vez que os atributos testados são contínuos, todas as árvores de decisão são construídas utilizando o parâmetro de limiar fuzzy, de modo a que o comportamento de "gume de faca" das árvores de decisão seja suavizado através da construção de um intervalo próximo do limiar.

A árvore de decisão construída sem tomar quaisquer outras opções resulta numa taxa de erro de 3,3% no conjunto de treino e numa taxa de erro de 23,5% no conjunto de teste (média da validação cruzada), que é muito superior à estimativa aleatória (20%), mas que ainda não é satisfatória. Para melhorar o desempenho do classificador, foram adoptadas duas medidas diferentes: o *winnowing* e o *boosting*.

Quando o número de atributos é elevado, torna-se mais difícil distinguir a informação preditiva das coincidências fortuitas. *O Winnowing* supera este problema investigando a utilidade de todos os atributos antes de qualquer classificador ser construído. Os atributos considerados irrelevantes ou prejudiciais para o desempenho preditivo não são tidos em conta ("winnowed") e apenas os restantes atributos são utilizados para construir as árvores. Como a relevância das características é um dos aspectos que experimentamos, foi utilizado o winnowing. O pacote tinha uma opção de "winnowing" que foi utilizada. Isto também torna a construção das árvores muito mais rápida.

O resultado desta parte da experiência é o seguinte

Árvore de decisão:

ponto e vírgula $\leq$ 6.72646 (8.723425): Carlos (18/2)

ponto e vírgula $\geq$ 8.97227 (8.723425): :...ponto e vírgula $\geq$ 16.2095 (14.64195): charlotte (H/1)

ponto e vírgula $\leq$ 14.6293 (14.64195): :...mas $\geq$ 4.71113 (4.69338): jane (15/1)

mas $\leq$ 4.67563 (4.69338): :...aspas $\leq$ 12.285 (14.7294): emily (10)

aspas $\geq$ 17.1738 (14.7294): william (7)

Avaliação dos dados de treino (61 casos):

Tree Size	Errors
5	4 (6.6%) $\ll$

(a)	(b)	(c)	(d)	(e)	$\leftarrow$ classified as
14				1	(a): class jane
	16				(b): class charles
1	2	7			(c): class william
			10		(d): class emily
				10	(e): class charlotte

Avaliação com dados de teste (17 casos):

Tree Size	Errors
5	3 (17.6%) $\ll$

(a)	(b)	(c)	(d)	(e)	$\leftarrow$ classified as
4		1			(a): class jane
	5		1		(b): class charles
		2			(c): class william
1			1		(d): class emily
				2	(e): class charlotte

Como se pode ver, a árvore de decisão tem uma exatidão de 82,4% nos 17 padrões do conjunto de teste. Além disso, a árvore mostra que (ponto e vírgula) e aspas são atributos relevantes que definem o estilo (uma vez que sobreviveram à seleção).

O Boosting é uma técnica de agrupamento para gerar e combinar classificadores para melhorar a precisão da previsão.

O reforço pega num algoritmo de aprendizagem genérico e ajusta a distribuição que lhe é dada, removendo alguns dados de treino,) com base no comportamento do algoritmo. A ideia básica é que, à medida que a aprendizagem progride, o impulsionador recolhe amostras da distribuição de entrada para manter a precisão da hipótese atual do aprendente próxima da da adivinhação aleatória.

Como resultado, o processo de aprendizagem se concentra nos dados atualmente difíceis. A opção de reforço no pacote faz com que um número de classificadores seja construído; quando um caso é classificado, todos os classificadores são consultados antes de ser tomada uma decisão.

O boosting geralmente fornece maior precisão preditiva à custa do aumento do tempo de construção do classificador. Neste caso, produz a mesma taxa de erro que no winnowing no conjunto de validação, mas tem 100% de precisão no conjunto de treino. O resultado desta parte da experiência é o seguinte:

Árvore de decisão que produz o melhor resultado:

ponto e vírgula < 8.47458 (8.723425):

:...might > 498339 (249170.4): william (2.5)

: poderia ≤ 1,86846 (249170,4):

: :...sen len stdev ≤ 23.1772 (24.8575): Charles (14.9)

: sen len stdev ≥ 26,5378 (24,8575): william (2,2)

ponto e vírgula ≥ 8,97227 (8,723425):

:...ponto e vírgula ≥ 14,6546 (14,64195):

:...sen len stdev ≤ 10.2292 (12.68945): jane (1.9)

: sen len stan ≥ 15.1497 (12.68945): charlotte (10.4)

ponto e vírgula ≤ 14.6293 (14.64195):

:...mas ≤ 4,67563 (4,69338):

:...mean sen len ≤ 23.2097 (24.9242): emily (8.2)

: média sen len ≥ 26,6387 (24,9242): william (6,4)

mas ≥ 4,71113 (4,69338):

:...isto ≤ 2.46609 (3.4445): jane (12.6)

este ≥ 4.42291 (3.4445): william (1.9)

Avaliação dos dados de treino (61 casos):

Trial	Tree Size	Errors
0	7	2 (3.3%)
1	6	5 (8.2%)
2	6	15 (24.6%)
3	6	10 (16.4%)
4	8	4 (6.6%)
5	7	8 (13.1%)
6	6	6 (9.8%)
7	6	10 (16.4%)
8	9	0 (0.0%)
boost		0 (0.0%) ≪

```
(a)  (b)  (c)  (d)  (e)   ← classified as
---- ---- ---- ---- ----
15                         (a): class jane
     16                    (b): class charles
          10               (c): class william
               10          (d): class emily
                    10     (e): class charlotte
```

Avaliação com dados de teste (17 casos):

Trial	Tree Size	Errors
0	7	4 (23.5%)
1	6	3 (17.6%)
2	6	11 (64.7%)
3	6	12 (70.6%)
4	8	2 (11.8%)
5	7	5 (29.4%)
6	6	3 (17.6%)
7	6	10 (58.8%)
8	9	4 (23.5%)
boost		3 (17.6%) ≪

```
(a)  (b)  (c)  (d)  (e)   ← classified as
---- ---- ---- ---- ----
4    1                     (a): class jane
     5    1                (b): class charles
          2                (c): class william
1              1           (d): class emily
                    2      (e): class charlotte
```

Como se pode ver, a árvore de decisão tem uma exatidão de 82,4% nos 17 padrões do conjunto de teste.

2.3.   3Redes Neurais   - Experiências e Resultados

Parte da experiência levada a cabo por Ramyaa e a sua equipa [7] incluiu a comparação das medidas de precisão entre árvores de decisão e redes neuronais na sua utilização em estilometria.

As redes neuronais são poderosas ferramentas de correspondência de padrões. Basicamente, são equações de modelação não lineares muito complexas. São especialmente boas em situações em que o "conceito" a ser aprendido é muito difícil de expressar como uma formulação simples e bem definida, mas sim uma função complexa e altamente inter-relacionada das entradas, que normalmente não é facilmente transparente. Esta caraterística torna-os ideais para aprender um conceito como "estilo", que é inerentemente intangível. A rede tem em consideração todos os atributos de entrada em simultâneo, embora alguns sejam mais ponderados do que outros. Isto difere da construção de árvores de decisão, na medida em que o estilo de um autor é considerado como o produto conjunto de muitas características diferentes. As Redes Neuronais Artificiais têm a capacidade de inventar novas características que não estão explícitas na entrada, mas também têm a desvantagem de as suas regras indutivas serem inacessíveis aos seres humanos.

Neuroshell - o pacote de software comercial criado pelo Ward Systems Group, Inc., que é um pacote que cria e executa vários tipos de redes neurais, foi utilizado na experiência por Ramyaa e a sua equipa.

Foram experimentadas muitas estruturas da rede multicamadas antes de se chegar à melhor rede. Mapas auto-organizáveis de Kohonen, redes de probabilidade e redes baseadas em modelos estatísticos foram algumas das arquitecturas experimentadas. As redes feed forward de retropropagação produzem o melhor resultado com a seguinte arquitetura: 21 nós de entrada, 15 nós na primeira camada oculta, 11 nós na segunda camada oculta e 10 nós de saída (para atuar como códigos correctores de erros). Dois nós de saída são atribuídos a um único autor. (Isto aumenta a distância de Hamming entre as classificações - a cadeia de bits que é emitida com cada bit correspondendo a um autor na classificação - de quaisquer dois autores, diminuindo assim a possibilidade de erro de classificação) 30% das 61 amostras de treino são utilizadas no conjunto de validação, que determina se ocorreu sobreajuste e quando parar o treino. As restantes 17 amostras foram utilizadas para testar. Este teste é também utilizado para decidir a arquitetura da rede.

Depois disso, na rede escolhida, foi efectuada uma validação cruzada utilizando diferentes conjuntos de teste. Não houve muita variação nos resultados obtidos. Em média, a exatidão (medida no conjunto de teste) é de 88,2%. Há um erro de classificação em Orgulho e Preconceito, que é classificado erradamente como escrito por Charlotte Bronte; há um erro de classificação em Conto de Duas Cidades - classificado erradamente como escrito por William Thackeray. Estas são as classificações incorrectas que estavam presentes em todas as partições utilizadas para a validação cruzada (independentemente de os padrões estarem no conjunto de teste ou no conjunto de treino/validação). A tabela seguinte apresenta a classificação dada pela rede aos conjuntos de treino e de validação

(a)	(b)	(c)	(d)	(e)	← classified as
11					(a): class jane
	9				(b): class charles
		10			(c): class william
			16		(d): class emily
1				14	(e): class charlotte

A tabela seguinte apresenta a classificação dada pela rede do conjunto de teste

(a)	(b)	(c)	(d)	(e)	← classified as
2					(a): class jane
	2				(b): class charles
		2			(c): class william
		2	4		(d): class emily
				5	(e): class charlotte

Além disso, os padrões que as árvores de decisão classificam erradamente não são os mesmos que são classificados erradamente pela rede neuronal, embora a classificação errónea seja persistente numa técnica de aprendizagem, ou seja, para mais do que uma arquitetura, os mesmos padrões são classificados erradamente na rede neuronal; as árvores de decisão, com parâmetros diferentes, também têm problemas com o mesmo conjunto de padrões (diferente do conjunto que perturba as redes neuronais artificiais). A Rede Neuronal está obviamente a analisar alguns atributos diferentes daqueles que as árvores de decisão analisam.

## 2.3.	4Conclusão

Tanto as árvores de decisão como as redes neuronais artificiais produzem uma taxa de precisão significativamente mais elevada do que a adivinhação aleatória, o que mostra que o pressuposto de que existe um aspeto inconsciente quantificável no estilo de escrita de um autor é bem justificado. Ramyaa[7] obteve uma exatidão de 82,4% no conjunto de teste utilizando árvores de decisão e uma exatidão de 88,2% no conjunto de teste utilizando redes neurais

Embora as redes neuronais tenham produzido um melhor desempenho numérico e sejam consideradas inerentemente adequadas para captar um conceito intangível como o estilo, as árvores de decisão são legíveis para o ser humano, tornando possível a definição de estilo. Além disso, os resultados obtidos por ambos os métodos são comparáveis [7].

As árvores de decisão são aprendizes explícitos e baseados em regras. Devido à sua natureza baseada em regras, é fácil ler e compreender uma árvore de decisão. Assim, é possível "ver o estilo" nos textos com estas árvores. Além disso, os resultados indicam que as características não convencionais que utilizámos são bastante úteis na classificação dos autores [9].

É por estas razões que as Árvores de Decisão foram escolhidas para a implementação do projeto proposto, em oposição às Redes Neuronais.

2.4 Exemplos de aplicações da estilometria no mundo real

A deteção de fraudes, a classificação de correio eletrónico, a decisão sobre a autoria de documentos famosos, a atribuição de autores a partes de textos em escrita colaborativa e a análise forense de software são algumas das muitas utilizações da atribuição de autoria [7].

Nalgumas questões criminais, civis e de segurança, a linguagem pode ser uma prova. Uma nota de suicídio, uma carta ameaçadora, comunicações anónimas, e-mails comerciais, publicações em blogues, marcas comerciais - tudo isto pode ajudar investigadores, advogados, executivos de recursos humanos e particulares a compreender o cerne de um incidente. Quando se depara com um documento suspeito, quer precise de saber quem o escreveu, quer se trate de uma ameaça real ou de uma nota de suicídio real, quer seja demasiado próximo de um outro documento, precisa de métodos fiáveis e validados. [14]

Hoje em dia, com a ajuda de muitos outros eventos significativos na estilometria, as suas técnicas estão a ser amplamente aplicadas em várias áreas, tais como a deteção de doenças, a autenticação de e-mails, a ciência forense e os julgamentos em tribunal.

A comunicação eletrónica é uma das formas de comunicação mais populares da atualidade. A comunicação por correio eletrónico é a forma mais popular de comunicação eletrónica. A Internet funciona como a espinha dorsal destas comunicações. [10]. Os vírus informáticos e os worms são atualmente distribuídos por correio eletrónico, o que torna necessário identificar os autores das mensagens através do não repúdio. Calix e a sua equipa, alunos anteriores de Ciências da Computação da Pace [12], criaram um programa em C# para resolver este problema. O programa tem uma Interface Gráfica com o Utilizador de forma a simplificar a tarefa de determinação de autoria, automatizando o processo de identificação. Os utilizadores ajudam o programa a reconhecer autores, alimentando-o com emails de desconhecidos para que este aprenda o seu estilo linguístico. Subsequentemente, os utilizadores alimentam um conjunto de exemplos de e-mails de autores desconhecidos para comparação. O programa considera 55 características estilísticas.

Entre os exemplos de utilização de técnicas estilométricas como instrumento forense contam-se o recurso de Tommy McCrossen em Londres, em julho de 1991, e o perdão concedido a Nicky Kelly pelo Governo irlandês em abril de 1992 [7]. No processo McCrossen, as provas estilométricas que lançavam dúvidas sobre a autenticidade da confissão do arguido desempenharam um papel fundamental para persuadir os juízes do recurso de que este tinha sido condenado injustamente.

As semelhanças com cartas privadas ajudaram a identificar o estilo do manifesto do Unabomber. Theodore Kaczynski perpetrou vários ataques bombistas em universidades e companhias aéreas entre 1978 e 1995, sob o pseudónimo de Unabomber. Prometeu parar se o seu "manifesto" anti-industrialista de 35.000 palavras fosse publicado nos grandes jornais. O seu estilo de escrita e as suas frases de efeito permitiram-lhe ser identificado [15].

Numa experiência realizada por Lakshmi [10], ele e a sua equipa conseguiram provar no seu artigo que as técnicas estilométricas podem fazer mais do que apenas atribuir a autoria de documentos. Provaram que a estilometria também pode identificar o género do ser humano.

O sistema JGAAP (Java Graphical Authorship Attribution Program) é uma ferramenta estilométrica baseada em Java que funciona nos sistemas operativos Windows e Linux. Utilizando a tecnologia padrão Java 1.6, uma estrutura teórica clara e uma interface fácil e extensível ao utilizador, o JGAAP permite testar objetivamente os métodos propostos. Especificamente, a estrutura JGAAP pega em "Documentos", essencialmente cadeias de caracteres geradas a partir de ficheiros de interesse por qualquer classe que instancie a interface adequada, converte-os em "Conjuntos de Eventos", novamente definidos como qualquer classe que implemente a interface adequada, e depois analisa-os. Os EventSets atualmente disponíveis incluem caracteres, palavras, sílabas, tempos de reação, n-gramas de qualquer um dos anteriores, ou versões "mais comuns" de qualquer um dos anteriores [13]. A análise estilométrica foi utilizada para resolver a disputa dos Federalist Papers [5]. Os Federalist Papers foram escritos durante os anos de 1787 e 1788 por Alexander Hamilton, John Jay e James Madison. Estes 85 textos de "propaganda" tinham como objetivo ajudar a ratificar a Constituição dos EUA. Todos eles foram publicados anonimamente sob o nome de "Publius". A autoria dos Federalist Papers foi disputada desde o início. Tanto Hamilton como Madison produziram listas que reivindicavam alguns dos mesmos documentos.

Os métodos estilométricos pioneiros foram utilizados de forma célebre por Mosteller e Wallace em 1964 para tentar responder à questão de saber a quem era atribuída a autoria dos artigos. Esta disputa é atualmente considerada resolvida.

2.5   Conclusão

Com a revisão da literatura sobre o sistema feita, o investigador passa à fase de análise do sistema do projeto.

CAPÍTULO 3

3 ANÁLISE DO SISTEMA

3.1 Introdução

Este capítulo trata da análise do sistema proposto e dos requisitos de que este necessita, tanto para o seu desenvolvimento como para o seu funcionamento. Os requisitos incluem:

1. Requisitos funcionais
2. Requisitos não funcionais
3. Requisitos de software
4. Requisitos de hardware

Este capítulo inclui igualmente o estudo de viabilidade do projeto proposto.

3.2 Visão geral

Este capítulo começa com os requisitos funcionais. Seguem-se os requisitos não funcionais. Depois, seguem-se os requisitos do sistema. Finalmente, o capítulo termina com o estudo de viabilidade do projeto proposto.

Seguem-se os requisitos funcionais e não funcionais do sistema.

3.2.1 Requisitos funcionais

Os requisitos funcionais especificam o que um sistema deve fazer. Especificam uma função ou componente que o sistema deve ser capaz de efetuar.

1. O administrador pode iniciar e terminar a sessão.
2. O administrador pode registar um novo aluno.
3. O administrador pode registar uma nova fonte.
4. O sistema pode aceitar um ensaio, dividi-lo em secções, extrair dados (características linguísticas e estilísticas) de cada secção e utilizá-los para gerar uma árvore de decisão.
5. O sistema pode utilizar a árvore de decisão gerada acima para comparar os estilos linguísticos de um ensaio subsequente do aluno.
6. O sistema pode fornecer os resultados da análise estilométrica dos trabalhos dos alunos.

3.2.2 Requisitos não funcionais

Os requisitos não funcionais referem-se aos requisitos de um sistema que descrevem as suas características, por oposição às suas funcionalidades. É uma declaração de como um sistema deve comportar-se, é uma restrição ao comportamento do sistema.

1. Protocolo REST que proporciona uma arquitetura flexível baseada em serviços. Este facto é desejável para futuras extensões.
2. Disponibilidade 24 horas por dia.
3. Uma boa conceção dos componentes para facilitar a compreensão e melhorar o desempenho.
4. Uma interface de utilizador amigável para uma experiência de utilização mais fácil e conveniente.

3.3 Requisitos do sistema

Requisitos de hardware

RAM : 256MB

HD interno: mínimo de 10 GB

HD externo

Ecrã: Mínimo de 11 polegadas

Tamanho dos requisitos de software

OS : Windows, Linux, Mae

Front-end: HTML, CSS, JS

Back-end: Ruby on Rails

Base de dados: PostgreSQL

3.4   Estudo de viabilidade

Refere-se ao estudo para determinar até que ponto um projeto pode ser executado com êxito. Determina se a solução considerada para cumprir os requisitos é prática e viável no software ou não.

3.4.1   Viabilidade técnica

1. A linguagem de programação escolhida para codificar o projeto proposto existe há alguns anos. É fiável e estável.
2. O projeto proposto utiliza o algoritmo ID3, que está facilmente disponível em muitos pacotes que abrangem diferentes linguagens de programação. Os exemplos incluem as gemas AI4R e DecisionTree em Ruby on Rails e a biblioteca J8 no pacote Weka. Todas elas implementam o algoritmo Quinlan C4.5 ID3.

3.4.2   Viabilidade operacional

Os custos a incorrer no desenvolvimento do projeto proposto estão bem dentro do intervalo dos 7 000 KES atribuídos. O custo consiste na soma dos encargos de

1. hardware, por exemplo, flashdisk, rato e modem
2. aquisição de pacotes de dados Internet

CAPÍTULO 4

4 CONCEPÇÃO DO SISTEMA

4.1 Introdução

Este documento de conceção de software descreve a arquitetura e a conceção de um sistema de reconhecimento de padrões que identifica os estilos linguísticos em ensaios com o único objetivo de atribuição de autoria. O sistema utiliza o ID3, um algoritmo de Árvores de Decisão, para atingir este objetivo.

4.2 Âmbito de aplicação

O âmbito deste projeto inclui o desenvolvimento de uma aplicação web para determinar a integridade da autoria de ensaios utilizando o algoritmo ID3 em Árvores de Decisão.

4.3 Visão geral

Este capítulo está organizado da seguinte forma. Começa com uma introdução e passa à secção de descrição dos casos de utilização do sistema, que explica uma visão abstrata da interação entre o sistema e os seus utilizadores. Segue-se uma subsecção sobre a conceção dos componentes do sistema. Segue-se a secção de modelação estrutural, que inclui subsecções sobre o dicionário de dados do sistema e as relações ERD do sistema.

4.4 Descrições de casos de utilização

O caso de utilização comunica a um nível elevado o que o sistema precisa de fazer. Os casos de utilização captam a interação típica do sistema com os seus utilizadores (utilizadores finais e outros sistemas). O caso de utilização do sistema proposto é o seguinte.

Figura 1: Diagrama de casos de utilização que mostra a interação entre o administrador e o sistema

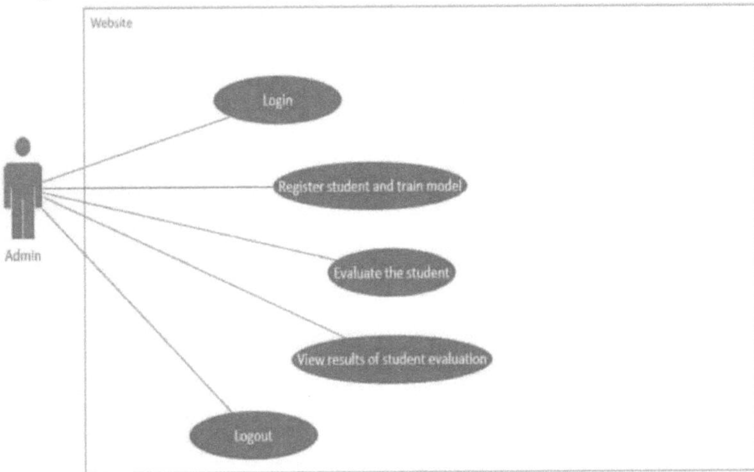

4.5 Conceção de componentes

O sistema está dividido nos cinco módulos seguintes:

1. *Módulo de dados módulo :*

Este módulo é responsável pelo tratamento de todos os dados de entrada utilizados no sistema. Estes dados incluem os dados dos utilizadores e os seus ensaios. Todos os dados do sistema são tratados por este módulo.

2. *Módulo de pré-processamento de ensaios :*

Este módulo pré-processa os dados de entrada antes de serem enviados para o *módulo de análise estilométrica*. É responsável por colocar os dados num formato que possa ser compreendido pelo motor de análise estilométrica.

3. *Módulo de análise estilométrica :*

Este módulo é a funcionalidade central do sistema. É responsável pelo processamento e análise dos ensaios dos utilizadores e compara os seus resultados. Este é o módulo responsável pela atribuição de autoria.

Este módulo consiste principalmente na função J48, que é uma implementação do algoritmo Quinlan C4.5 ID3.

Neste módulo, os ficheiros csv/arff de treino serão utilizados para treinar o modelo e gerar uma árvore de decisão resultante. O modelo aprenderá os estilos linguísticos de um determinado autor, após o que receberá o ficheiro csv/arff de teste e classificá-lo-á utilizando a árvore de decisão gerada.

4. *Módulo de relatório :*

Este módulo é utilizado para formatar e apresentar os resultados do *motor de análise estilométrica*. O resultado será apresentado como uma percentagem das semelhanças linguísticas entre o ensaio que está a ser avaliado e um ensaio anterior que foi utilizado para treinar o sistema a aprender o estilo estilométrico de um determinado utilizador.

5. *Módulo do sistema :*

Este módulo trata de todas as operações do sistema que não são necessárias para a análise estilométrica, mas que o sistema precisa delas, por exemplo, a gestão e a autenticação do utilizador.

Figura 2: Diagrama de componentes mostrando os módulos que compõem o sistema

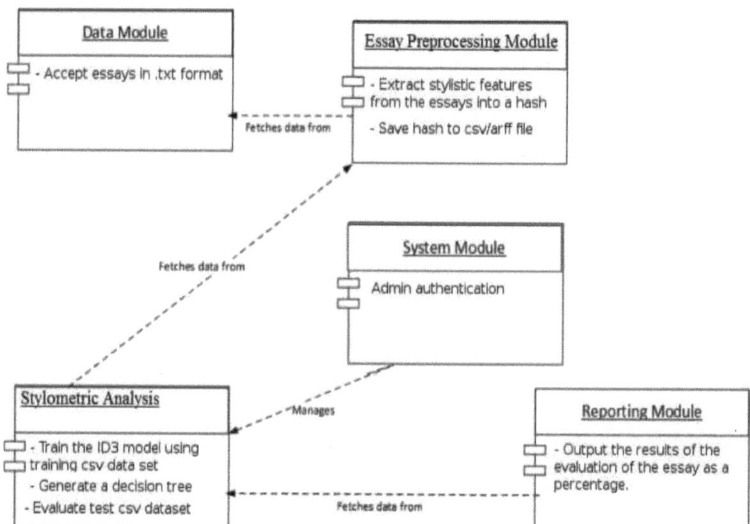

4.6   Modelação estrutural

Um modelo estrutural, ou concetual, descreve a estrutura dos dados que suportam os processos empresariais numa organização. O modelo estrutural apresenta a organização lógica dos dados sem indicar como os dados são armazenados, criados ou manipulados, para que os analistas se possam concentrar no negócio sem se distraírem com pormenores técnicos.

4.6.1 Dicionário de dados

Abaixo está a **tabela Student, a tabela Admin** e **a tabela Source com os** tipos de dados e descrições correspondentes.

4.6.2 ERD

O diagrama que se segue mostra o modelo estrutural do sistema proposto utilizando a notação de Crowfoot.

Quadro 3: Tabela de alunos

Field	Datatype	Description
student_id	integer	Stores primary key
name	string	Stores the name of the student
essay	text	Stores the initial text of the student
source_id	integer	Foreign key storing the primary key of the source
date	datetime	A date object storing the date for the data

Tabela 4: Tabela de administração

Field	Datatype	Description
admin_id	integer	Stores primary key
name	string	Stores the name of the administrator of the system
email	string	Stores the email of the administrator of the sustem
password	text	A string storing the administrator's password
date	datetime	A date object storing the date for the data

Quadro 5: Quadro de fontes

Field	Datatype	Description
source id	integer	Stores primary key
name	text	A string storing the name of the source of data
url	text	A string storing the website url for the source of data
date	datetime	A date object storing the date for the data

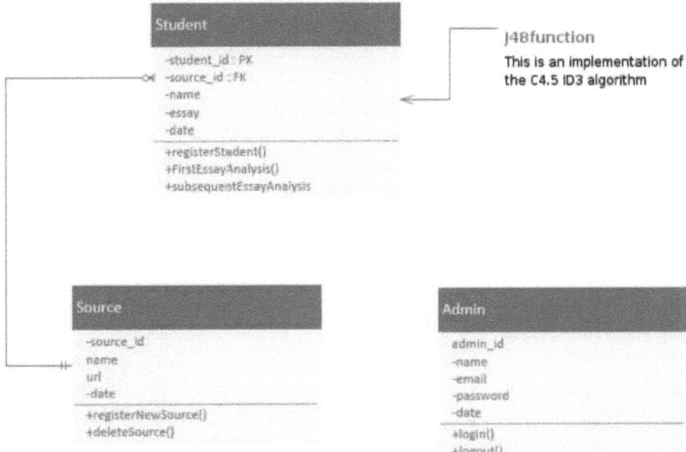

Figure 3:   Diagrama Entidade-Relação que mostra a interação entre os utilizadores e o sistema

4.7 Conceção da interface humana

4.7.1 Visão geral do design da interface humana

Um administrador do sistema será o responsável pelo registo dos alunos e das fontes de dados. O administrador será apresentado com um ecrã de início de sessão e, ao iniciar a sessão, será levado para a página inicial, onde lhe são apresentadas opções para registar fontes e alunos e para avaliar o ensaio de um aluno.

4.7.2 Imagens do ecrã

Esta secção apresenta capturas de ecrã que mostram a interface na perspetiva do utilizador.

Figure 4:   Uma estrutura de arame da janela de início de sessão do sistema

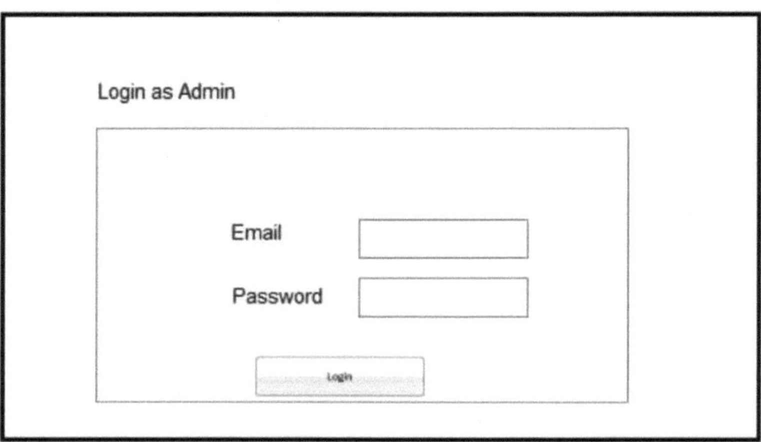

Figure 5:   Uma estrutura de arame da janela da página inicial do sistema

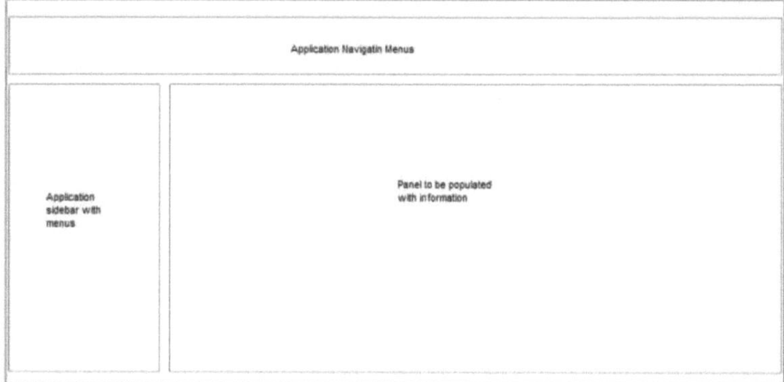

5 IMPLEMENTAÇÃO DO SISTEMA

5.1 Introdução

O sistema proposto descrito no capítulo anterior (Conceção do sistema) é implementado utilizando a linguagem de programação Ruby; mais especificamente, Ruby on Rails, que é uma estrutura orientada para os objectos da linguagem de programação Ruby.

Este capítulo contém excertos de código Ruby do sistema e a sua explicação, bem como as capturas de ecrã das várias janelas durante a execução do sistema. O sistema em si é uma aplicação web que usa análise estilométrica para obter a atribuição de autoria de ensaios. A aplicação indica a probabilidade de o autor de um ensaio ser o verdadeiro autor do mesmo.

O administrador desta aplicação Web, ao iniciar sessão, poderá registar um aluno, incluindo um ensaio que o aluno tenha escrito. Este será o ensaio que será utilizado para treinar um modelo de árvore de decisão e utilizá-lo para testar os ensaios subsequentes do aluno.

O resultado do treino do modelo de árvore de decisão J48 e os resultados da análise estilométrica serão apresentados em conformidade numa página Web da aplicação Web.

O sistema está dividido nos seguintes módulos:

1. *Módulo de dados :*

Este módulo é responsável pelo tratamento de todos os dados de entrada utilizados no sistema. Estes dados incluem os dados dos utilizadores e os seus ensaios. Todos os dados do sistema são tratados por este módulo. O sistema aceita redacções em formato .txt. Os ensaios introduzidos constituem os conjuntos de dados de treino e/ou de teste do sistema.

2. *Módulo de pré-processamento de ensaios :*

Este módulo pré-processa os dados de entrada antes de serem enviados para o módulo de análise estilométrica. É responsável por colocar os dados num formato que possa ser compreendido pelo motor de análise estilométrica. Neste módulo, as características estilísticas especificadas são utilizadas para extrair dados dos ensaios de entrada e armazená-los numa função de hash. Exemplos das características estilísticas utilizadas são as frequências relativas das preposições (sobre, para, em, acima, sobre), as frequências relativas dos pronomes (ele, ela, isto, eu, tu), as frequências relativas das conjunções (e, mas, contudo, se), as frequências relativas das contracções ('ve, 'll, 're, 'nt) e as frequências relativas dos sinais de pontuação (.,!?""-/-). Estas características serão especificadas num ficheiro chamado stopwords.txt no sistema. A função hash é então armazenada num ficheiro CSV (Comma Separated Values) ou ARFF (Attribute Relation File Format).

3. *Motor de análise estilométrica :*

Este módulo é a funcionalidade central do sistema. É responsável pelo processamento e análise dos ensaios dos utilizadores e compara os seus resultados. Este é o módulo responsável pela atribuição de autoria. Este módulo consiste principalmente na função J48, que é uma implementação do algoritmo Quinlan C4.5 ID3. Neste módulo, os ficheiros csv/arff de treino serão utilizados para treinar o modelo e gerar uma árvore de decisão resultante. O modelo aprenderá os estilos linguísticos de um determinado autor, após o que receberá o ficheiro csv/arff de teste e classificá-lo-á utilizando a árvore de decisão gerada.

O algoritmo C4.5 ID3 utiliza a poda. A poda é uma forma de reduzir o tamanho da árvore de decisão. Isto reduzirá a precisão nos dados de treino, mas (em geral) aumentará a precisão nos dados não vistos. É utilizada para mitigar o sobreajuste, em que se obtém uma precisão perfeita nos dados de treino, mas o modelo (a árvore de decisão J48) que se aprende é tão específico que não se aplica a nada para além dos dados de treino.

O algoritmo C4.5 ID3 também utiliza conjuntos de regras. O conjunto de regras é uma classe que treina uma árvore ID3 com 2/3 dos dados de treino, converte-os num conjunto de regras e remove as regras com o restante 1/3 dos dados de treino.

    4. *Módulo de relatório :*

Este módulo é utilizado para formatar e apresentar os resultados do motor de análise estilométrica. O resultado será apresentado como uma percentagem das semelhanças linguísticas entre o ensaio que está a ser avaliado e um ensaio anterior que foi utilizado para treinar o sistema a aprender o estilo estilométrico desse aluno em particular.

    5. *Módulo do sistema :*

Este módulo trata de todas as operações do sistema que não são necessárias para a análise estilométrica, mas que o sistema precisa delas, por exemplo, a gestão e a autenticação do utilizador. O sistema fornece uma autenticação de início de sessão ao carregar o URL da aplicação Web.

5.2 Implementação da componente

Nesta secção, o investigador resumirá a implementação de cada um dos componentes do sistema, apresentará excertos de código, bem como os explicará.

5.2.1   Componente de dados

Este componente trata de todos os dados de entrada utilizados no sistema. Os dados de entrada incluem os detalhes do aluno e do ensaio inicial, os detalhes da fonte e o ensaio a ser avaliado.

student_params() method

```ruby
def student_params
  params.require(:student).permit(:source_id, :name, :essay)
end

def set_student
  @student = Student.find(params[:id])
  session[:student_id] = @student.id
end
```

source_params() method

```ruby
def set_source
  @source = Source.find(params[:id])
end

def source_params
  #code
  params.require(:source).permit(:name, :url)
end
```

test_params() method

```ruby
def test params
  params.require(:test).permit(:evaluate)
end
```

```ruby
def load student
      @student = Student..find(params[: student_id ])
end
```

5.2.   2Módulo de pré-processamento do ensaio

Este componente trata do pré-processamento do ensaio inicial e do ensaio a ser avaliado. O pré-processamento dos ensaios envolve a utilização de características estilométricas pré-determinadas para extrair dados dos ensaios e armazená-los num hash. O hash é depois armazenado num ficheiro csv externo.

Segue-se um resumo dos principais métodos encontrados nesta componente:

process_initial_essay(file) method

```ruby
def process_initial_essay(my_file, path_to_save_csv)

# Initialize a hash with a default of 0
@countedWords = Hash.new(0)
@section = Array.new
@section length = Array.new
@counts = Array.new
@classifierRelativeFrequency = Array.new

# code to read the essay file and convert it to lowercase
my file_= my file..read.downcase

words = my file..scan(/\w[\w']*/) #now catches contractions

# Count words (keys) and increment their value
words.each {|word| @countedWords[word] += 1 }

# Count the number of words in the essay
@wordCount = words.size

# Divide the essay into groups
full section = words.each slice(GROUP SIZE).to a    _

# Number of groups
@number of groups = (@wordCount / GROUP SIZE).ceil

# Read classifiers from the classifier csv file
file = (File.read(Rails.root.join('app','models','concerns','sto
@csv headers = file.split(" ")

  # Create a hash to store the relative frequencies of the classifiers
  1.upto(@number_of_groups) { |x|
    @classifierRelativeFrequency[x-1] = Hash.new(0)
  }

# Open MainDataSet a csv file and add the classifiers as headers
CSV.open(path_to_save_csv, "a+") do |csv|
```

```ruby
    # Loop to assign sections and get their sizes
    1.upto(@number_of_groups) { |x|

      # Assign the sections of the full section to variable arrays
      @section[x-1] = full_section[x-1]

      # Get the length of the sections and store them in an array
      @section_length[x - 1] = @section[x - 1].size

      # Create a hash for statistical analysis
      @counts[x-1] = Hash.new(0)

      # Add words to hash and increments count
      @section[x - 1].each {|word|
        @counts[x - 1][word] += 1
      }

      # Calculate the relative frequency of the features in each sectio
      1.upto(@csv_headers.size - 1) { |c|
        @classifierRelativeFrequency[x-1]["#{@csv_headers[c-1]}"] = (1
      }

      # Add the id of the author as the value of the class
      @classifierRelativeFrequency[x-1].merge!("class" => @student.id)

      # Add the relative frequencies to the csv file
      csv << @classifierRelativeFrequency[x-1].values.to_a
    }
  end
end

GROUP_SIZE = 90.0
```

process_test_essay(file) method

```ruby
    def process_test_essay(my_file, path_to_save_csv)

# Initialize a hash with a default of 0
@countedWords = Hash.new(0)
@section = Array.new
@section length_= Array.new
@counts = Array.new
@classifierRelativeFrequency = Array.new

# code to read the essay file and convert it to lowercase
my file = _my file.read.downcase

words = my file.scan(/\w[\w']*/) #now catches contractions

# Count words (keys) and increment their value
words.each {|word| @countedWords[word] += 1 }
```

```ruby
# Count the number of words in the essay
@wordCount = words.size

session [: wordCount] = @wordCount

# Divide the essay into groups
full section = words.each slice (GROUP SIZE).to a

# Number of groups
@number of groups = (@wordCount / GROUP SIZE).ceil

session [: numberOfGroups] = @number of groups

# Read classifiers from the classifier csv file
file = (File.read(Rails.root.join('app','models','concerns','sto
@csv headers modified = file
@csv headers modified = @csv headers modified.gsub("'","")
# Put the classifiers in an array
@csv headers = file.split(" ")
@csv headers modified = @csv headers modified.split(" ")
```

```ruby
# Create a hash to store the relative frequencies of the classifiers
1.upto(@number_of_groups) { |x|
  @classifierRelativeFrequency[x-1] = Hash.new(0)
}

# Open  test csv file and add the classifiers as headers
CSV.open(path_to_save_csv, "wb") do |csv|

  csv << @csv_headers_modified

  # Loop to assign sections and get their sizes
  1.upto(@number_of_groups) { |x|

    # Assign the sections of the full section to variable arrays
    # starting from index 0
    @section[x-1] = full_section[x-1]

    # Get the length of the sections and store them in an array
    # starting from index 0
    @section_length[x - 1] = @section[x - 1].size

    # Create a hash for statistical analysis
    @counts[x-1] = Hash.new(0)

    # Add words to hash and increments count
    @section[x - 1].each {|word|
      @counts[x - 1][word] += 1
    }

    # Calculate the relative frequency of the features in each sectio
    1.upto(@csv_headers.size - 1) { |c|
      @classifierRelativeFrequency[x-1]["#{@csv_headers[c-1]}"] = (1
    }

    # Add the id of the author as the value of the class
    @classifierRelativeFrequency[x-1].merge!("class" => @student.id)

    # Add the relative frequencies to the csv file
    csv << @classifierRelativeFrequency[x-1].values.to_a
  }
  end
end
# set group size to be 90
GROUP_SIZE = 90.0
```

5.2.3 Motor de análise estilométrica

Este é o módulo responsável pela análise estilométrica e pela atribuição de autoria. Consiste principalmente na função J48, que é uma implementação do algoritmo Quinlan C4.5 ID3. Neste módulo, o ficheiro csv de treino é utilizado para treinar o modelo e gerar uma árvore de decisão resultante do modelo. O modelo aprende e classifica os autores (alunos) com base nos seus estilos linguísticos, após o que recebe o ficheiro csv de teste para ser avaliado e classifica-o utilizando a árvore de decisão gerada.

método evaluateModelQ

```ruby
def evaluateModel

    @startedEvaluation = 1
    session [: startedEvaluation ] = @startedEvaluation

    loadEnvironment ()

    #load the training data
    path = Rails.root.join ('app', 'models', 'csv_files '," MainDataSet.
    train_src = Rjb::import(" java.io.File ").new(path)
    train_csvloader = Rjb::import (" weka.core.converters.CSVLoader")
    train_csvloader.setFile( train_src )
    train_data = train_csvloader.getDataSet

    #load test data
    path = Rails.root.join ('app', 'models', 'csv_files '," test.csv ").t
    test_src = Rjb::import (" java.io.File ").new(path)
    test_csvloader = Rjb::import (" weka.core.converters.CSVLoader").n
    test_csvloader.setFile (test_src )
    test_data = test_csvloader.getDataSet

    # NumericToNominal
    ntn = Rjb::import (" weka.filters.unsupervised.attribute.NumericT
ntn.setInputFormat (train data)
ntn.setInputFormat (test data)
train data = Rjb::import (" weka.filters.Filter ").useFilter (train data
test data = Rjb::import (" weka.filters.Filter ").useFilter (test data ,

#create a J48 model
tree = Rjb::import (" weka.classifiers.trees.J48").new

train data.setClassIndex (train data.numAttributes () - 1)
test data.setClassIndex (test data.numAttributes () - 1)
tree.buildClassifier train data

#serialize model
sh = Rjb::import (" weka.core.SerializationHelper ")
sh.write ("/tmp/weka.model", tree );

#deserialize model
sh = Rjb::import (" weka.core.SerializationHelper ")
tree = sh.read ("/tmp/weka.model");

@dtreeString = tree.toString
puts @dtreeString

# Write out to a dot file
@student id = session [: student id ]
@classname = train data.classAttribute.toString.split (' ')[1] + @stu
```

```ruby
session[:classname] = @classname

graph = tree.graph.gsub(/Decision Tree {/, "Decision Tree {\n#{@class
File.open(Rails.root.join('app','assets','images','dots', @classname
'dot -Tgif < /home/ronnie/Rails/StylometryProject/app/assets/images/

puts "Generated tree for #{@classname}"

# Classify training data
preds_train = Array.new
points_train_array = Array.new
points_train = train_data.numInstances
points_train.times do |instance|

    pred = tree.classifyInstance(train_data.instance(instance))
    point = train_data.instance(instance).toString
    point = point.split(",") << pred
    points_train_array << point
    preds_train << pred
    puts "#{point} : #{pred}"
end

preds_train = preds_train.to_s.gsub("]","")
preds_train = preds_train.to_s.gsub("[","")
preds_train = preds_train.to_s.gsub(" ","")
preds_train = preds_train.split(",")
#puts hash_function(preds_train)

puts "Finished classifying train points"

# Classify test data
preds_array = Array.new
test_data.numInstances.times do |instance|
        pred = tree.classifyInstance(test_data.instance(instance
        preds_array << pred
        puts "#{pred}"
end

puts "Finished prediction"

puts preds_array

preds_array = preds_array.to_s.gsub("]","")
preds_array = preds_array.to_s.gsub("[","")
preds_array = preds_array.to_s.gsub(" ","")
preds_array = preds_array.split(",")

session[:totalTestInstances] = preds_array.size

hash1 = hash_function(preds_array)
puts "Hash 1 : #{hash1}"

# Populate an array with the id number of the students/authors
arrayForIDS = Array.new
```

```ruby
0.upto(hash1.size - 1) {|j|
  0.upto(points_train_array.size - 1) {|i|
    if hash1.keys[j].to_i == points_train_array[i].last
      if arrayForIDS.include? points_train_array[i][-2]
        # Do nothing
      elsif points_train_array[i][-2].to_i <= Student.all.count
        arrayForIDS << points_train_array[i][-2]
      end
    end
  }
}

# Create hash with key as student id and value as frequency
idFreq = Hash.new(0)
keys = arrayForIDS
0.upto(arrayForIDS.size - 1){|i|
  idFreq[keys[i]] = hash1.values[i]
}

puts "Array for IDS : #{arrayForIDS}"
puts "ID Frequency : #{idFreq}"

id_number = Array.new
@name = Array.new

corrects = Array.new
@percentages = Array.new
0.upto(idFreq.length - 1){|i|
  id_number[i] = idFreq.keys[i].to_i
  @name[i] = Student.find(id_number[i]).name.to_s
  corrects[i] = idFreq[keys[i]]
  if corrects[i].nil?
    corrects[i] = 0.0
  end
  puts corrects[i]
  @percentages[i] = (100 * corrects[i].to_f / preds_array.size.to_f)
}

session[:name] = @name
session[:percentages] = @percentages

  # Calculate percentage
  studentid = session[:student_id].to_s
  @correct = idFreq[studentid].to_i
  @wrong = preds_array.size - @correct
  @percentage = (100 * @correct.to_f / preds_array.size).round(4)

  session[:correctlyClassified] = @correct
  session[:wronglyClassified] = @wrong
  session[:percentage] = @percentage
```

```
    redirect_to request.referer
end
```

5.2.4 Componente do módulo de relatório

O módulo de relatório é utilizado para formatar e apresentar os resultados do *motor de análise estilométrica* no formato pretendido, utilizando percentagens que mostram a probabilidade de o ensaio avaliado pertencer ao autor reclamante (estudante). Este módulo define o aspeto da interface de vários outros módulos no que diz respeito aos resultados do sistema.

Gráfico da saída do sistema

```
<div class="col-md-6 skin-white">
     Name : <%= @student.name %> <br />
     ID : <%= @student.id %> <br />
     Source : <%= @student.source.name %> <br />
     Created on : <%= @student.created_at.strftime("%d/%m/%Y at %I:

     <% if @startedEvaluation == 1 %>
        <!--What to display after evaluation-->
        Size of essay : <%= @wordCount %> <br />
        Number of Sections : <%= @number_of_groups %> <br />

        <%= image_tag(" gifs/#{@classname}.gif", :class=>"img-respon
        <%= @dtreeString %> <br />

        Total test instances : <%= @totalTestInstances %> <br />
        Correctly classified : <%= @correct %> <br />
Wrongly classified : <%= @wrong %> <br />
Percentage : <%= @percentage %>% probability that it was written

     <% else %>
        <!--What to display before beginning of evaluation-->
     <% end %>
     <hr>
  </div>

  <div class="col-md-3 skin-white">
    <% if @startedEvaluation == 1 %>
     <% if @percentage >= 75.0 %>
        <h2 id="good"><%= @percentage %>%</h2>
     <%elsif @percentage >= 50.0 %>
        <h2 id="warning"><%= @percentage %>%</h2>
     <% else %>
        <h2 id="bad"><%= @percentage %>%</h2>
     <% end %>

     <% 0.upto(@names.length - 1) do |i| %>
        <%= @names[i] %> : <%= @percentages[i] %>% <br>
     <% end %>

     <% else %>
```

```
<% end %>
</div>
```

5.2.5 Componente do módulo do sistema

Este componente é responsável pela gestão administrativa do sistema. O sistema fornece uma autenticação de início de sessão ao carregar o URL da aplicação Web.

Requisito de autenticação

```
before_filter    :authenticate_admin!
```

CRUD (Create, Read, Update and Delete) methods for student

```ruby
before_filter    :authenticate_admin!
  before_action :set_student, only: [:show, :edit, :update, :destroy]

  def index
    @students = Student.all
    set_sessions_to_nil()
  end

  def new
    @source_options = Source.all.map{|s| [s.name, s.id]}
    @student = Student.new
    set_sessions_to_nil()
  end

  def show
    #@dtreeString = session[:dtreeString]
    @classname = session[:classname]
    @wordCount = session[:wordCount]
    @number_of_groups = session[:numberOfGroups]
    @correct = session[:correctlyClassified]
    @wrong = session[:wronglyClassified]
    @percentages = Array.new
    @percentages = session[:percentages]
    @percentage = session[:percentage]
    @totalTestInstances = session[:totalTestInstances]
    @names = Array.new
    @names = session[:name]
    @id = session[:student_id]

    @startedEvaluation = session[:startedEvaluation]

  end

  def create
    @student = Student.new(student_params)

    respond_to do |format|
      if @student.save
        format.html{redirect_to @student, notice: 'Student was succ
        format.json{render :show, status: :created, location: @stud
```

```ruby
    my_file = @student.essay
    path_to_save_csv = Rails.root.join('app','models','csv_files', "
    process_initial_essay(my_file, path_to_save_csv)
  else
    format.html{render :new}
    format.json{render json: @student.errors, status: :unprocessable
  end
  end
end

def edit
  @source_options = Source.all.map{|s| [s.name, s.id]}
  set_sessions_to_nil
end

def update
  @student = Student.new(student_params)
  respond_to do |format|
    if @student.save
      #code
      format.html{redirect_to @student, notice: 'Student was successfu
      format.json{render :show, status: :created, location: @student}
    else
      format.html{render :new}
      format.json{render json: @student.errors, status: :unprocessable
    end
  end
  set_sessions_to_nil()
end

def destroy
  #code
  @student.destroy
  respond_to do |format|
    format.html{redirect_to students_url, notice: 'Student was success
    format.json{head :no_content}
  end
end
```

5.3 Implementação da interface humana

5.3.1 Visão geral da interface do utilizador

Ao introduzir o url da aplicação e ao carregar o sistema, é apresentado ao administrador um ecrã de início de sessão. Se a autenticação for bem sucedida, o administrador será levado para a página inicial, onde lhe será apresentada uma lista de menus para a funcionalidade do sistema. A partir do menu, o administrador pode optar por registar uma nova fonte, registar um novo aluno ou avaliar um aluno existente.

As opções "registar fonte" e "registar aluno" conduzem o administrador a uma nova página onde preenche um formulário com os dados das respectivas entidades e o submete.

O menu "avaliar aluno" conduz o administrador a uma página que contém uma lista de todos os alunos registados. Nesta página, o administrador tem de selecionar o aluno a avaliar. Após a seleção, o administrador é convidado a introduzir o ensaio a avaliar e é-lhe apresentado um botão para "treinar o modelo e avaliar". Clicando neste botão, inicia-se o processo de treino e avaliação e, uma vez concluído, os resultados são apresentados nessa página para que o administrador os possa ver.

5.3.2   Imagens do ecrã

Esta secção apresenta capturas de ecrã que mostram a interface na perspetiva do utilizador.

A figura 6 mostra uma captura de ecrã da janela de início de sessão do sistema.

A figura 7 mostra uma captura de ecrã da página inicial do sistema.

A Figura 8 mostra uma captura de ecrã da página para adicionar uma nova fonte à aplicação Web.

A Figura 9 mostra uma captura de ecrã da página para adicionar um novo aluno/autor à aplicação Web.

A figura 10 mostra uma captura de ecrã da página de avaliação, antes de ser efectuada uma avaliação.

A Figura 11 mostra uma captura de ecrã da página para adicionar um novo ensaio a ser avaliado.

A figura 12 mostra uma captura de ecrã da página de avaliação, depois de ter sido feita uma avaliação.

Os resultados da análise estilométrica são apresentados aqui.

Figura 6: Captura de ecrã da janela de início de sessão

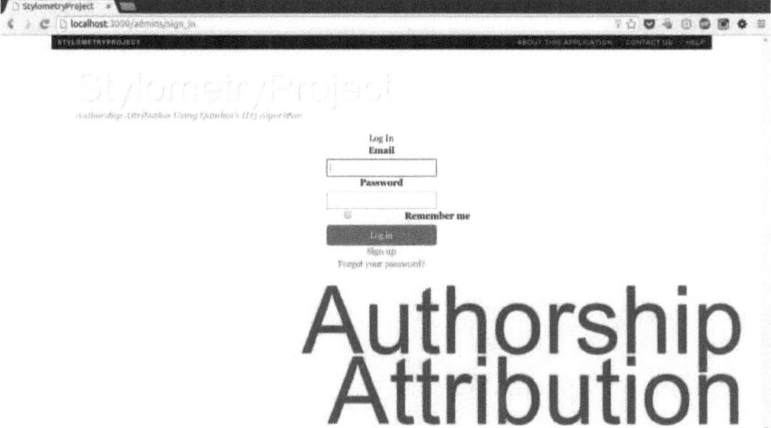

Figura 7: Captura de ecrã da página inicial

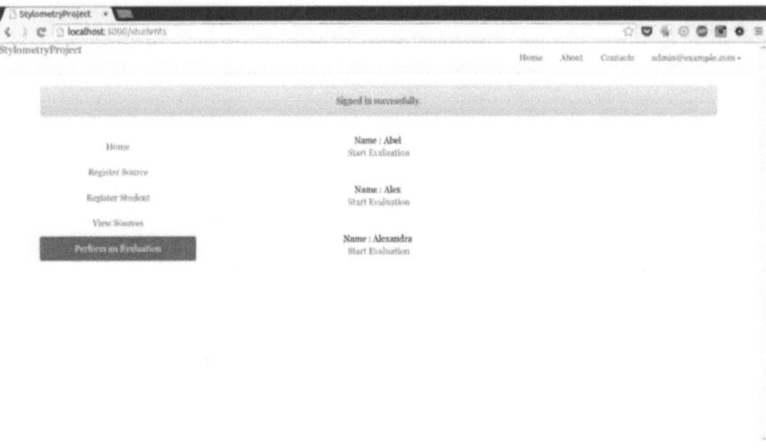

Figure 8:   Captura de ecrã da nova página de origem

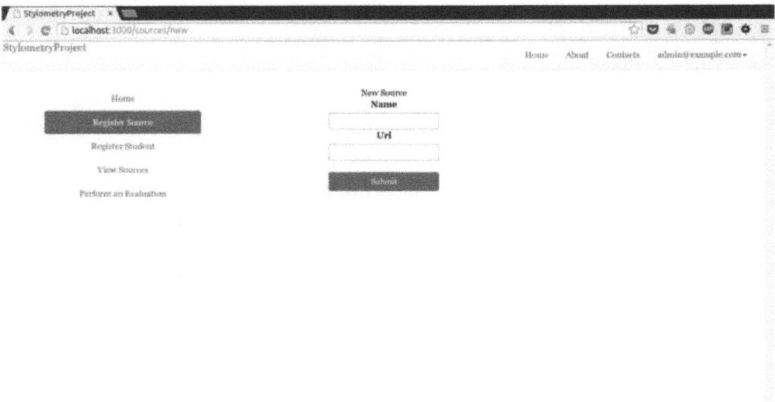

Figure 9:   Captura de ecrã da nova página de estudante

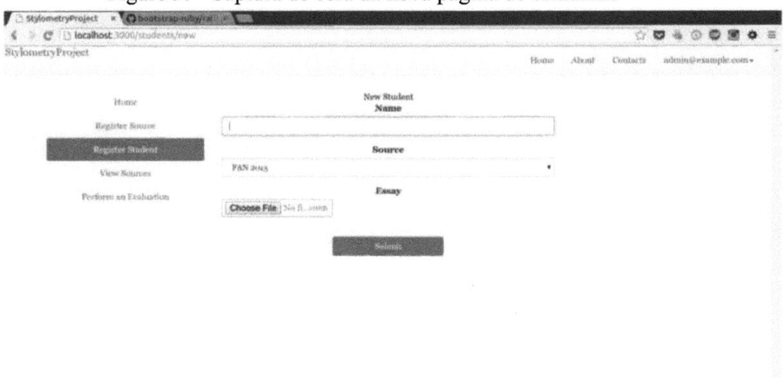

Figura 10: Captura de ecrã da página de avaliação (antes da avaliação)

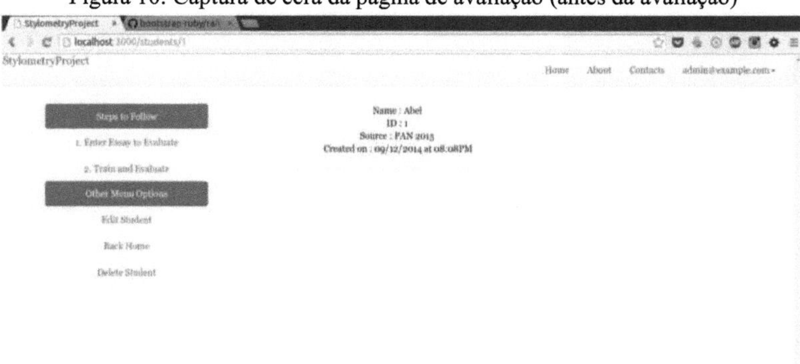

Figura 11: Captura de ecrã da nova página de teste

Figure 12:   Captura de ecrã da página de avaliação (após a avaliação)

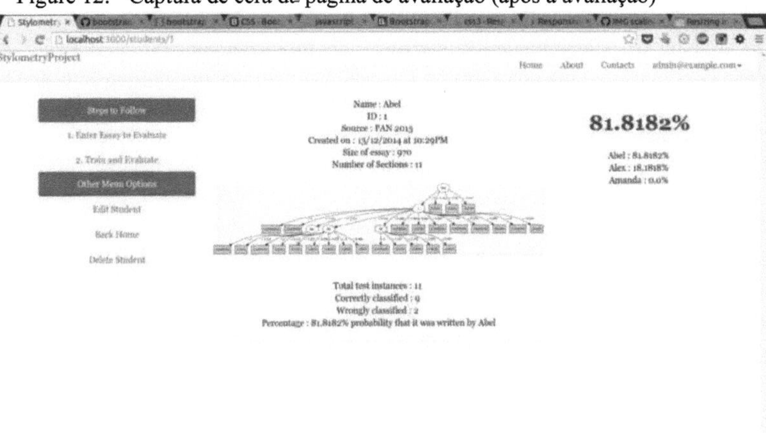

43

6 TESTE DO SISTEMA

6.1 Visão geral

Este capítulo trata do teste do sistema desenvolvido na fase anterior. A ideia subjacente a este capítulo é provar que o sistema construído faz aquilo para que foi construído, e com uma certa precisão. O capítulo começa com uma introdução e segue-se um exemplo de um teste efectuado ao sistema desenvolvido.

1.2 Introdução

Os conjuntos de dados, tanto os de treino como os de teste, utilizados no desenvolvimento e teste deste sistema foram retirados do PAN 2015. O PAN 2015 é o 13.º laboratório de avaliação sobre a deteção de plágio, autoria e utilização indevida de software social. É uma iniciativa do Webis Group. O Webis Group responde aos desafios da sociedade da informação através da realização de investigação fundamental, do desenvolvimento de tecnologia e da implementação e avaliação de protótipos para futuros sistemas de informação.

O corpus de treino e teste fornecido pelo PAN 2015 é composto por um conjunto de problemas de verificação de autor em várias línguas e géneros. Cada problema consiste em alguns (até cinco) documentos conhecidos de uma única pessoa e exatamente um documento questionado. Todos os documentos dentro de uma única instância de problema estão na mesma língua e são aplicados os melhores esforços para garantir que os documentos dentro do problema são correspondidos em termos de género, registo, tema e data de escrita. A extensão dos documentos varia de algumas centenas a alguns milhares de palavras.

A ligação para o corpus de teste e de treino é http: //www. uni-weimar. de/medien/ webis/research/events/pan-14/panl4-web/author-identification.html.

Os documentos de cada problema estão localizados numa pasta separada, cujo nome (ID do problema) codifica a língua/género dos documentos. A lista seguinte mostra as línguas/géneros disponíveis, os seus códigos e exemplos de IDs de problemas:

Language	Genre	Code	Problem IDs
Dutch	essays	DE	DE001, DE002, DE003, etc.
Dutch	reviews	DR	DR001, DR002, DR003, etc.
English	essays	EE	EE001, EE002, EE003, etc.
English	novels	EN	EN001, EN002, EN003, etc.
Greek	articles	GR	GR001, GR002, GR003, etc.
Spanish	articles	SP	SP001, SP002, SP003, etc.

1.3 Exemplo de um teste efectuado

Nesta secção, serão escolhidos quatro problemas para testar a funcionalidade do sistema desenvolvido. Os problemas EE590, EE572, EE571 e EE545 foram seleccionados aleatoriamente. Para simplificar, os autores dos ficheiros known.txt nos três problemas serão referidos como Abel, Alex, Asha e Andrew, respetivamente.

O ficheiro knownl.txt dos quatro autores será selecionado como os ensaios utilizados para treinar o modelo do sistema desenvolvido para aprender os estilos linguísticos individuais dos autores. Os ficheiros known.txt subsequentes dos autores serão utilizados para testar o desempenho do sistema e a sua precisão.

O primeiro passo será registar os autores no sistema com o seu ensaio inicial. A Figura 13 mostra a página inicial da aplicação Web depois de os quatro autores terem sido registados.

Figura 13: Registo de quatro autores

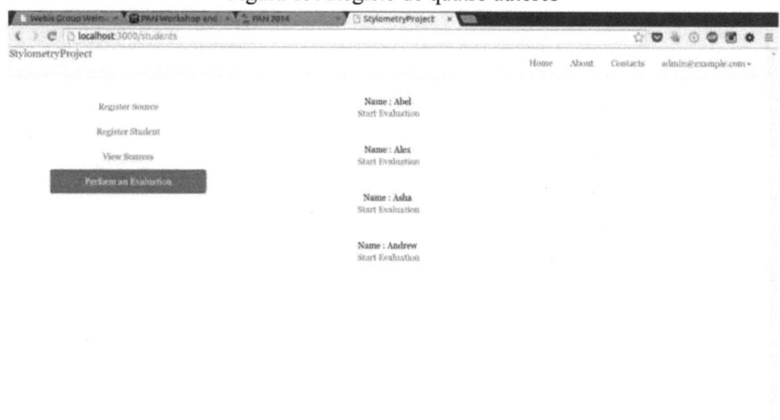

A segunda etapa é onde começam os testes propriamente ditos.

1.3.1   Teste de Abel (EE590)

O ensaio known3.txt do Abel foi escolhido como o primeiro ficheiro a ser testado. O ficheiro foi introduzido e, após o treino e a avaliação, os resultados são os apresentados na figura 14.

Figure 14:   Avaliação do ensaio de Abels

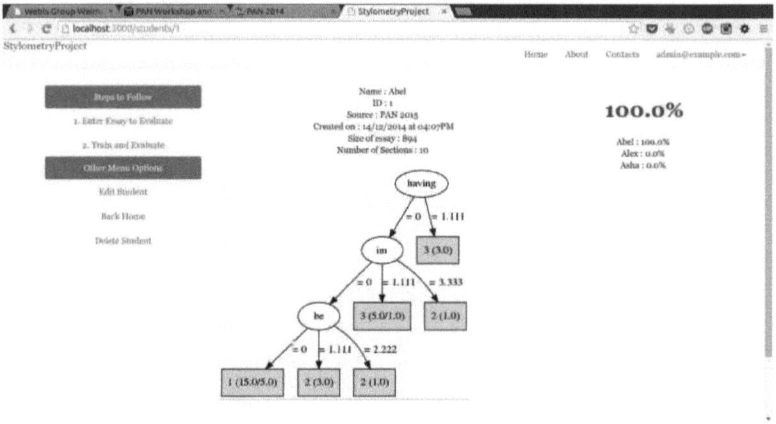

6.3.2 Ensaio   de Alex (EE572)

O ficheiro escolhido para o teste foi o known4.txt do Alex. O ficheiro foi introduzido e, após o treino e a avaliação, os resultados são os apresentados na figura 15.

6.3.3Teste   do Asha (EE571)

O ficheiro known4.txt da Asha foi escolhido como o ficheiro a testar. O ficheiro foi introduzido e, após o treino e a avaliação, os resultados são os apresentados na figura 16.

Quando o ensaio known2.txt de Asha foi escolhido para avaliação, os resultados são os apresentados na figura 17.

6.3.4Teste de Andrew (EE545)

As figuras 18, 19 e 20 mostram os resultados da avaliação dos ficheiros known2.txt, known3.txt e known4.txt das redacções do André.

Figure 15:   Avaliação do ensaio do Alex

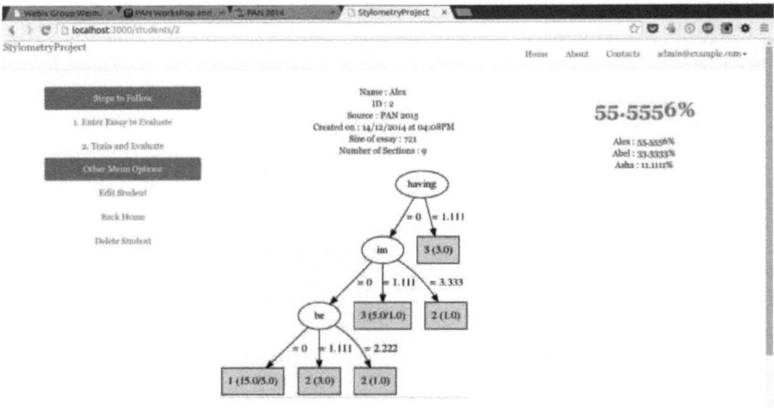

Figura 16: Avaliação do primeiro ensaio de Asha

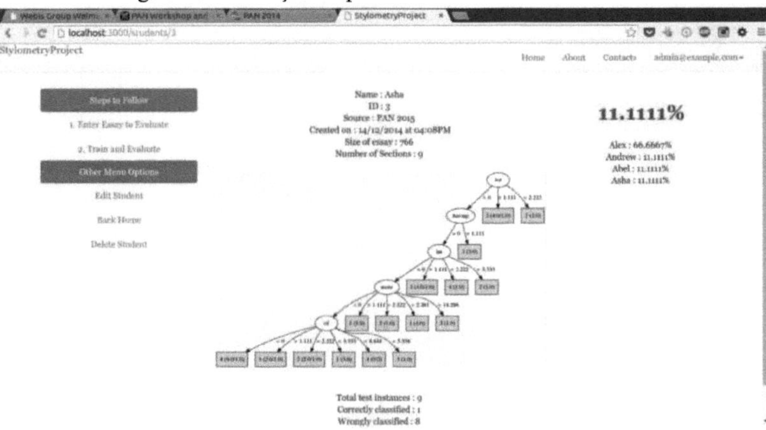

Figure 17:   Avaliação do segundo ensaio da Asha

Figure 18:   Primeira avaliação do ensaio do André

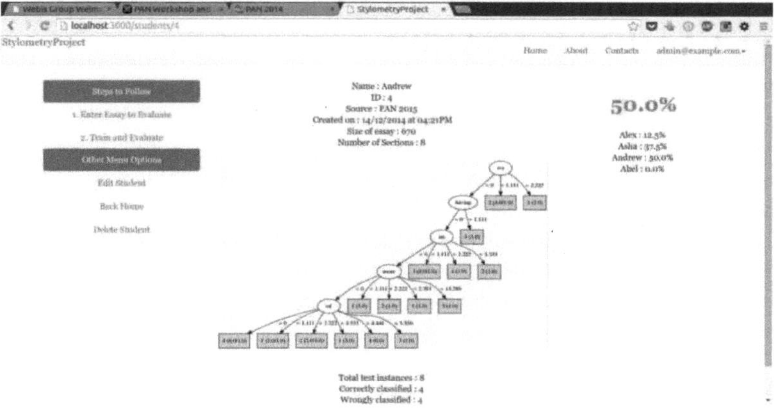

Figure 19:   Segunda avaliação do ensaio do André

Figure 20:   Avaliação do terceiro ensaio do Andrew

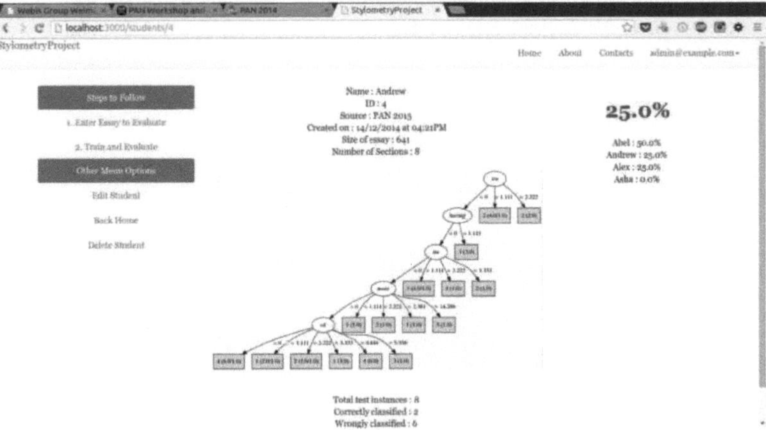

7 RESULTADOS E ANÁLISE

7.1. Introdução

O pacote J48 utilizado nesta experiência alarga o algoritmo ID3 básico de Quinlan. Este algoritmo infere árvores de decisão fazendo-as crescer da raiz para baixo, seleccionando avidamente o melhor atributo seguinte para cada novo ramo de decisão adicionado à árvore. Assim, a aprendizagem de árvores de decisão difere de outras técnicas de aprendizagem automática, como as redes neuronais, na medida em que os atributos são considerados individualmente e não em ligação uns com os outros. A caraterística com o maior ganho de informação tem prioridade na classificação. Por conseguinte, as árvores de decisão devem funcionar muito bem se existirem algumas características salientes que distingam um autor dos outros.

7.2. Análise

Para avaliar o modelo de classificação, foram utilizados os métodos de validação cruzada de 10 dobras e de divisão percentual. Na validação cruzada de 10 dobras, todos os dados foram divididos em 10 conjuntos disjuntos de tamanho aproximadamente igual. Trata-se de um processo iterativo. De cada vez, 9 conjuntos disjuntos actuam como dados de treino e um conjunto é utilizado como dados de teste. No método de divisão percentual, 66% de todos os dados foram utilizados como dados de treino e os restantes dados como dados de teste.

A figura 21 mostra os resultados da análise.

No diagrama, as classes a, b, c e representam os autores Abel, Alex, Asha e Andrew, respetivamente Uma vez que os atributos testados são contínuos, todas as árvores de decisão são construídas utilizando o parâmetro de limiar fuzzy, de modo a que o comportamento de "gume de faca" das árvores de decisão seja suavizado através da construção de um intervalo próximo do limiar.

A análise mostra que existe, de facto, um estilo linguístico único em cada indivíduo.

7.3. Conclusão

Por muito que se possa constatar que existe um estilo linguístico único, inerente e subconsciente, para cada autor, a exatidão do modelo construído continua a ser insuficiente. Este facto pode ser atribuído à diversidade, ou falta dela, nos conjuntos de dados utilizados e/ou às características estilísticas utilizadas para extrair dados dos conjuntos de dados.

Figure 21:   Resultados e análise

```
=== Stratified cross-validation ===
=== Summary ===

Correctly Classified Instances          22              61.1111 %
Incorrectly Classified Instances        14              38.8889 %
Kappa statistic                          0.4783
Mean absolute error                      0.2103
Root mean squared error                  0.4367
Relative absolute error                 56.2626 %
Root relative squared error            100.8169 %
Coverage of cases (0.95 level)          63.8889 %
Mean rel. region size (0.95 level)      34.7222 %
Total Number of Instances               36

=== Detailed Accuracy By Class ===
```

	TP Rate	FP Rate	Precision	Recall	F-Measure	MCC	ROC Area	PRC Area	Class
	0.556	0.148	0.556	0.556	0.556	0.407	0.718	0.475	1
	0.727	0.040	0.889	0.727	0.800	0.731	0.838	0.730	2
	0.667	0.222	0.500	0.667	0.571	0.408	0.671	0.361	3
	0.429	0.103	0.500	0.429	0.462	0.345	0.586	0.297	4
Weighted Avg.	0.611	0.125	0.633	0.611	0.616	0.494	0.717	0.490	

=== Confusion Matrix ===

```
 a b c d   <-- classified as
 5 0 4 0 | a = 1
 0 8 0 3 | b = 2
 3 0 6 0 | c = 3
 1 1 2 3 | d = 4
```

CAPÍTULO 8

8 CONCLUSÃO E RECOMENDAÇÕES-S/TRABALHO FUTURO

Este capítulo apresenta os desafios enfrentados durante a conceção e a implementação do sistema proposto. O investigador/concebedor/desenvolvedor do sistema proposto apresenta também os seus pontos de vista e opiniões sobre trabalhos futuros no domínio da estilometria. Por último, este capítulo termina com uma conclusão do investigador.

8.1 Desafios

Os desafios enfrentados durante a conceção e a execução deste projeto incluem:
1. Limitação de tempo. A implementação do sistema demorou mais três semanas do que o previsto.
2. O designer e o criador do sistema não incluíram os sinais de pontuação como uma das características estilísticas.

8.2 Recomendações / Trabalhos futuros

Seguem-se as recomendações para trabalhos futuros a efetuar no domínio da estilometria para atribuição de autoria utilizando o algoritmo ID3 em árvore de decisão:
1. Este projeto não tem em consideração a utilização de sinais de pontuação como características estilísticas na classificação dos autores (alunos). Os trabalhos futuros devem ter como objetivo a sua utilização, de modo a alargar a variedade de características utilizadas e determinar o seu efeito nos níveis de precisão do sistema.
2. O facto de as redes neuronais analisarem características diferentes das consideradas pelas árvores de decisão pode ser utilizado. Um meta-aprendiz poderia ser treinado para utilizar tanto a rede neuronal como as árvores de decisão para obter classificações quase perfeitas.
3. Podem ser experimentados diferentes conjuntos de características para ver se existe um conjunto de características que faça com que diferentes técnicas de aprendizagem dêem os mesmos resultados. Além disso, a extração de características deve ser feita com algum cuidado para treinar estes aprendentes com as características mais relevantes. Além disso, podem ser utilizados algoritmos de seleção automática de características (como o winnowing) para selecionar o conjunto inicial de características.
4. Este projeto pode ser alargado a qualquer número de autores (alunos). Atualmente, este projeto só pode classificar um determinado número de autores (alunos).
   O próximo passo poderia ser gerar regras indutivas gerais abstractas que possam ser utilizadas em todos os problemas de identificação de autores, em vez de aprender as formas de separar um grupo de n autores escolhidos (estudantes).
5. Trabalhos futuros poderão tentar incorporar atributos como a idade e o género dos autores (alunos), e analisar os seus efeitos no treino e classificação do modelo de árvore de decisão, e na avaliação dos ensaios.

8.3 Conclusão

Este projeto tenta reconhecer diferentes autores (alunos) com base no seu estilo de escrita.

A maior parte dos estudos anteriores no domínio da estilometria para atribuição e identificação de autoria introduzem um grande número de atributos. Embora mais características pudessem produzir material discriminatório adicional, o presente estudo prova que a inteligência artificial fornece à estilometria excelentes classificadores que requerem menos variáveis de entrada do que as estatísticas tradicionais. Daí a conclusão de que a combinação da estilometria com a Inteligência Artificial, mais concretamente com as Árvores de Decisão, dará origem a uma disciplina útil com muitas aplicações práticas.

Referências

[1] H. Moore. *Os batoteiros do campus contratam escritores de ensaios personalizados para evitar a deteção,* CBC News. 26 de fevereiro de 2014

[2] J.Rudman. *The state of authorship attribution studies: Some problems and solutions,* Computers and the humanities, pg 351-356, 1998

[3] P. Sharma e M. Kaur. *Classification in Pattern Recognition,* International Journal of Advanced Research in Computer Science and Software Engineering, vol. 3, no. 4, April 2013

[4] H. Maurer, F. K. *Plagiarism - a survey,* Journal of Universal Computer Science, vol. 12, no. 8, pg 1050-1084, 2006

[5] D. Adair. *The Authorship of the Disputed Federalist Papers,* The Wiliam and Mary Quarterly, vol. 3, pg 97-122, 1994

[6] S. Y. Sohn. *Meta-Analysis of Classification Algorithms for Pattern Recognition,* IEEE Transactions on Pattern Analysis and Machine Intelligence, vol. 21, no. 11, novembro de 1999

[7] Ramyaa et al. *Using Machine Learning Techniques for Stylometry,* Centro de Inteligência Artificial

[8] H. Fearn. *O software de plágio pode ser derrotado com truques técnicos simples,* Times Higher Education. 20 de janeiro, 2014

[9] J. R. Quinlan *Induction of Decision Trees,* Centro de Ciências Computacionais Avançadas, Instituto de Tecnologia de Nova Gales do Sul. 1985

[10] Lakshmi et al *A Study on Author Identification through Stylometry,* International Journal of Compute Science and Communication Networks. 2012

[11] H. Hanlein *Studies in Authorship Recognition: a Corpus-based Approach,* Peter Lang. 1999

[12] K. Calix et al *Stylometry for E-Mail Author Identification and Authentifica- tion,* Actas do dia de investigação do CSIS, Universidade de Pace. maio de 2008

[13] p. Juola *JGAAP: A Modular Software Framework for Evaluation, Testing, and Cross-Fertilization of Authorship Attribution Techniques ,* Duquesne University. agosto de 2009

[14] M. Brennan et all *Practical Attacks Against Authorship Recognition Techniques,* Departamento de Informática, Universidade de Drexel.

[15] C. Prendergast *The Fighting Style: Reading the Unabomber's Strunk and White,* College English. 2009

9 Apêndice

Conteúdo de Stopwords.txt

a, about, above, after, again, against, all, am, an, and, any, are, aren't, as, at, be, because, been, before, being, below, between, both, but, by, can't, cannot, could, couldn't, did, didn't, do, does, doesn't, doing, don't, down, during, each, few, for, from, further, had, hadn't, has, hasn't, have, haven't, having, he, he'd, he'll, he's, her, here, here's, hers, herself, him, himself, his, how, how's, i, i'd, i'll, i'm, i've, if, in, into, is, isn't, it, it's, its, itself, let's, me, more, most, mustn't, my, myself, no, nor, not, of, off, on, once, only, or, other, ought, our, ours, ourselves, out, over, own, same, shan't, she, she'd, she'll, she's, should, shouldn't, so, some, such, than, that, that's, the, their, theirs, them, themselves, then, there, there's, these, they, they'd, they'll, they're, they've, this, those, through, to, too, under, until, up, very, was, wasn't, we, we'd, we'll, we're, we've, were, weren't, what, what's, when, when's, where, where's, which, while, who, who's, whom, why, why's, with, won't, would, wouldn't, you, you'd, you'll, you're, you've, your, yours, yourself, yourselves,

loadEnvironment()

```ruby
def loadEnvironment
    #Load Java Jar
    dir = "./weka.jar"

#Have Rjb load the jar file , and pass Java command line arguments
    Rjb::load(dir , jvmargs=["-Xmx1500m"])
  end
```

set_sessions_to_nil()

```ruby
def set_sessions_to_nil
    session[:dtreeString] = nil
    session[:classname] = nil
    session[:wordCount] = nil
    session[:numberOfGroups] = nil
    session[:correctlyClassified] = nil
    session[:wronglyClassified] = nil
    session[:percentage] = nil
    session[:totalTestInstances] = nil
    session[:name] = nil

  session[:startedEvaluation] = nil
  session[:percentages] = nil
end
```

hash_function(array)

```ruby
def hash_function(array)
    counter = Hash.new(0)
    array.each {|i| counter[i] += 1}
    counter
  end
```

Printed by Books on Demand GmbH, Norderstedt / Germany